U0120477

法治进程中的江淮印迹

从『司法鼻祖』皋陶谈起

李学军◎著

安徽师范大学出版社

·芜湖·

图书在版编目（CIP）数据

法治进程中的江淮印迹：从"司法鼻祖"皋陶谈起 / 李学军著 . — 芜湖：安徽师范大学出版社，2024.5

ISBN 978-7-5676-6469-2

Ⅰ.①法… Ⅱ.①李… Ⅲ.①皋陶 – 人物研究 Ⅳ.①K827=2

中国国家版本馆 CIP 数据核字（2024）第 040217 号

法治进程中的江淮印迹：从"司法鼻祖"皋陶谈起

李学军◎著

责任编辑：房国贵	责任校对：蒋　璐
装帧设计：张　玲　张德宝	责任印制：桑国磊

出版发行：安徽师范大学出版社
　　　　　芜湖市北京中路 2 号安徽师范大学赭山校区　　邮政编码：241000
网　　址：http://www.ahnupress.com
发 行 部：0553-3883578　5910327　5910310（传真）
印　　刷：江苏凤凰数码印务有限公司
版　　次：2024 年 5 月第 1 版
印　　次：2024 年 5 月第 1 次印刷
规　　格：889 mm × 1194 mm　　1/32
印　　张：7.625
字　　数：138 千字
书　　号：ISBN 978-7-5676-6469-2
定　　价：49.80 元

前　言

　　文化是经过长期的历史积淀形成的，制约乃至决定着现实的选择，并且左右着未来的走向。

　　江淮大地，钟灵毓秀，历史文化源远流长。在中国的法治进程中，一批带有江淮印迹的历史人物，比如"司法鼻祖"皋陶、法家先驱管仲、司法之神包拯，以及近现代的李鸿章等，个个举足轻重，每每影响深远。此外，诸如"淮南狱""徽州契约""六尺巷"等事件和现象也引起广泛关注。这些历史人物和典型事例中，具有引领效应和里程碑意义的为数不少。其中，蕴含着前人对道德与法律，"法自然"与"制定法"，"上行"与"民从"，诉讼与调解，情、理与法，"成法"与"变法"等辩证关系的认识和把握。

　　江淮大地的法治文化要素是中国法治文化的一种折射与缩影。本书主要以中国法治进程中的安徽历史人物以及相关法律思想、法律现象为主线，联系法律制度的整体发展历史，在汲取已有研究成果的基础上，通过系统性梳理和进一步发掘，选取十二个有代表性的专题，重点研究传统法律思想所产生的深远影响，展现安徽历史人物的突出贡献，探寻相关因素对于当代法治建设的有益启示。同时，试图通过对中国法治进程中古今之变的分析以及中西之争的比较，研判得失，推断趋势，意在引发更多更深入的思考。

尝试把地域性、系列性、前沿性、学术性与可读性融为一体，以形成自身特色，同时做到严谨翔实、图文并茂，是笔者在撰写过程中尽力追求的方向。诚信所至，或可弥补笔力不济。

目　录

一、"司法鼻祖"话皋陶

推崇"德法结合"，即德政与法制结合、德教与刑罚结合，无疑是皋陶主张的闪光之处。其实，不仅倡导以"法律"管制人，更是主张以"德行"让人信服，是皋陶能够成为一代圣贤的关键所在。

在历史上，皋陶是把"法制"与"德治"相提并论、主张二者结合起来的第一人。他的法律思想和治国安邦之道对后世产生了广泛而深远的影响，与后来的中国主流政治文化一脉相承。

当今，坚持依法治国和以德治国相结合，是建设社会主义法治国家的基本原则。这种治理理念既彰显了源远流长的文化传承，更体现出古为今用和与时俱进，具有鲜明的中国特色。

因为涉及刑狱，提起历史上的法制人物，在人们的印象里，往往是严厉的、冷酷的、无情的，甚至有些凶狠，有些残忍。谈到圣人，给人的感觉则是睿智的、儒雅的、温润的，和蔼可亲，如沐春风。

法制人物与圣人，反差强烈，似乎格格不入。可是，上古时期的皋陶却集二者于一身，被国人奉为"司法鼻祖"，又与尧舜禹并称为上古"四圣"。

有关皋陶的生平和言论，《尚书》《史记》等一些古籍中均有记载。值得关注的是，皋陶不仅名垂史册，而且在江淮大地上留下了未曾消失的印迹。

（一）

相传，因为皋陶辅政有功，大禹将今皖西一带的地域分封给他的子孙。故此，六安市有"皋城"之称。这个别名，显然蕴藏着远古的记忆。

皋陶之墓位于六安市开发区皖西大道北侧，遗冢为一高达6米多的圆形土堆，墓冢之上，一棵老树枝繁如盖。

墓前的石碑为清同治八年（1869）所立，上刻"古皋陶墓"（见图1-1）四个雄浑苍劲的大字，由时任安徽布政使吴坤修题写。墓前两边，立有獬豸雕像，这是传说中助力皋陶断案的独角神兽。墓的东侧，是一块颂扬皋陶功绩的纪念碑，上书

"法制鼻祖，文明先驱；辅尧佐舜，创业开基。名列四圣，历代楷模；国封六国，天泰人和"等文字。

在民间，一直流传着"皋陶造狱，画地为牢"的故事。史称"皋陶为大理""作士以理民"。"理"为古时法官名称。

古代汉语中，"理"通"李"。相传，皋陶的一支后裔世袭了"大理"职务，故被称为"理氏"，也称"李氏"。如此，皋陶成了李氏始祖。

唐玄宗李隆基以皋陶为始祖而感到荣耀，于天宝二年（743）追封其为"德明皇帝"（《新唐书·玄宗纪》）。皋陶在历史上的声望由此可见一斑。

图1-1　六安古皋陶墓

史学家研究认为，尧舜时期的古代部族可分为华夏集团、东夷集团和苗蛮集团。当时，以中原为核心地区，确立了华夏国家的雏形。江淮地区位于中原的东南，属于东夷集团领地。

据称，在尧执政时期，三大集团和解结盟，组成了联合政府。尧为联盟最高盟主，各集团首领到中央任职。皋陶作为东夷集团首领，成为尧舜禹三代华夏部落联盟统治阶层的核心人物之一。

《史记·夏本纪》云："帝禹立而举皋陶，荐之，且授政焉；而皋陶卒。"可见，皋陶当时已经成为集团联盟首领的继位人，只因先于大禹离世而未能即位。

综上所述，一方面反映了东夷集团的重要影响力，另一方面也充分肯定了皋陶的政治威望和处理国事的能力。

由此可推断，皋陶之所以能够掌管司法大权，是因为东夷集团的法制文明优于其他部落。当时，包括江淮地区在内的东夷集团领地，在法律制度建设和司法管理方面是领先的，得到了联盟成员的公认。

（二）

古老的历史记载有时把史实、传说以及神话混为一谈，虚实结合，意味深长。

在相关古籍中，皋陶的形象极具神话色彩，嘴突如马，脸色发青。《淮南子·修务》称："皋陶马喙，是谓至信，决狱明白，察于人情。"《荀子·非相》则云："皋陶之状，色如削瓜。"

这些资料塑造和展现的，是一个公正严明、洞察是非、铁面无私、才能超凡的"狱神"形象。

尧舜以后的监狱，有的还专门设立得到官府认可的"狱神庙"（见图1-2），把皋陶当作神灵供奉。入狱者祭拜狱神，祈求消灾。

如此，不仅对犯罪者起到震慑和教化的作用，促使其认罪伏法、悔过自新，也让冤屈者有了期待平

图1-2　狱神庙

反的精神寄托，体现出传统精神文化所产生的微妙影响。

狱中祭拜皋陶的习俗，汉代时就已存在。据《后汉书·范滂传》所记："滂坐系黄门北寺狱，狱吏谓曰：'凡坐系皆祭皋陶。'滂曰：'皋陶贤者，古之直臣。知滂无罪，将理之于帝；如其有罪，祭之何益？'"

因反对宦官专权，东汉名士范滂蒙冤入狱。他刚正不阿，自认无罪，对狱神皋陶敬而不拜。这个故事，也体现出人们对"狱神"皋陶的信任。

在重建的河南开封府衙，其牢狱区（即"府司西狱"景区）所展现的，是宋代刑狱文化的一个缩影。内设狱神庙，供奉着皋陶像。庙门两边楹联是：红雨无声暗惊春梦；青天有眼明鉴秋毫。庙内悬挂的楹联为：刑罚无嬉轻误重误宽误严误；罪恶莫瞒天知地知你知我知。横批：天昭神鉴。这些对联，阐释了狱神庙的道德教化意义。

有学者认为，中国古代的政治和法制，是建立在天道、神道、人道和君道这四道基础之上的，它们共同构成了中国古代法制的思想世界。被神化的皋陶，似乎从某个角度印证了这种说法。

相传，皋陶断案，常借助神兽"獬豸"（见图1-3与图1-4）。东汉王充在《论衡·是应篇》中认为，獬豸乃"一角之羊也，性知有罪。皋陶治狱，其罪疑者，令羊触之，有罪则触，无罪则不

图1-3　铜獬豸（嘉峪关新城魏晋墓出土）

触……故皋陶敬羊"。

獬豸，俗称"独角兽"。据说，这种神兽颇具灵性，有分辨曲直、确认罪犯的特殊本领。遇到疑难案件难以审理时，皋陶让獬豸助阵。如果嫌疑人有罪，獬豸就会用角抵触他，迫使嫌疑人坦白罪过，甘愿伏法。

现在人们常讲"触犯法律"，其中"触犯"

图1-4　獬豸石像(北京十三陵)

一词或许与传说中的獬豸有关联。

"神兽决狱"，反映了早期审判活动中人们对于神明的迷信，以及统治者对于司法审判威慑力的维护，也表露出当时的司法官员探寻事实真相以利于公正执法的良好愿望。

当事者中，那些干了坏事、图谋不轨的人毕竟心中有鬼，受迷信等因素的影响，遇见"神兽"难免慌张害怕，甚至不打自招。獬豸配合断案，或许是皋陶与罪犯以及纠纷中无理的一方进行"心理战"的手段吧。

况且，那个时代的刑侦技术与审判技术不够发达，这种

"神判法"的确具有实用性。

经过几千年的流传演绎，獬豸具有不同的形象，相互之间差异很大，有的像羊，有的像马，有的像鹿，有的像狮子，有的像麒麟，如此等等。但是，"独角"一直是它们共同的特征。

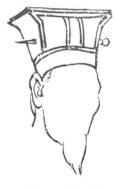

图1-5　獬豸冠

獬豸作为一种文化符号，后来成为司法人员的象征。古代的执法官吏，或头戴"獬豸冠"（见图1-5），或身穿绣有"獬豸"图案的官服（见图1-6）。

至今，在一些司法机关或法学院校，可以见到矗立的各种獬豸雕塑。显然，使用獬豸形象，意在对司法正义精神的传承。

图1-6　清代御史补服上绣的獬豸

"法"，古作"灋"。徐慎《说文解字》云："灋，刑也，平之如水，从水；廌，所以触不直者去之，从去。"从水，意为"公平"；从去，即"弃去"，指打击犯罪、惩治邪恶。

"廌"，即"獬廌"，也称"獬豸"，寓意着正义。由此可见，司法的初衷与核心要义是追求公平正义。

从基本含义上看，"法"是指刑法、法律、法度，其引申义为标准、方法、规章、制度、模式、道理等。

皋陶时期的"法治"，似乎更多地体现为"刑治"。不过，在中国古代文献中，"法"的含义除了与"刑"相通代指刑法之外，还往往与"律"通用，即"法律"之意。在夏商周时期，"法"有时与"礼"相通，即"礼法"之意。当时的"礼"是带有一定强制性的社会规范，违反礼制即属于违法，比如，周礼中就包含某些刑法条文。

《新语·道基》曰："皋陶乃立狱制罪，悬赏设罚，异是非，明好恶，检奸邪，消佚乱，民知畏法。"另据《左传·昭公十四年》引《夏书》："昏、墨、贼，杀，皋陶之刑也。"

把劫掠（昏）、贪赃（墨）与杀人（贼）一并入罪，处以极刑，体现了部落联盟约束从职人员，严厉制裁渎职和贪污腐败行为的意图。

《山海经·海内经》云："洪水滔天，鲧窃帝之息壤以堙洪水，不待帝命。帝令祝融杀鲧于羽郊。"此说颇具神话色彩，不可采信。《史记·夏本纪》则称："尧听四岳，用鲧治水。九年而水不息，功用不成。于是帝尧乃求人，更得舜。舜登用，摄行天子之政，巡狩。行视鲧之治水无状，乃殛鲧于羽山以死。天下皆以舜之诛为是。"

鲧是大禹的父亲，因治水不力遭受流放而死，这个故事显然体现了当时"问责制"的严厉。

《帝王世纪》云："尧禅舜，命之作士。舜禅禹，禹即帝位，以咎陶为贤，荐之于天，将有禅之意，未及禅，会皋陶卒。"据此可知，当时最高首领更替实行的是"禅让制"。

有人推断，这种"禅让制"只是华夏集团和东夷集团首领在夷夏联盟中轮流坐庄。华夏的尧传位于东夷的舜，舜随后传位于华夏的禹，禹随后又传位于东夷的皋陶。通过轮流执政，进行最高政治权力的和平交接。倘若果真如此，多少带有些"民主"的色彩。

只是，这种"禅让制"以夏王朝的建立而终结。此后，奉行皇权世袭，开始了家天下的"私有制"。

虽然皋陶当时没能担任最高首领，但是他在建立法律制度、形成管理秩序等方面的历史贡献无疑值得肯定。

有人时常把"法制"与"法治"混为一谈。二者虽然有着广泛的联系，却存在实质性区别。最明显的，"法制"可以成为"人治"的附庸或工具，但是，作为一种治国方略，现代社会的"法治"与"人治"根本对立。

只是，存在于人世间已经几千年的"法制"，既不排斥古代个别掌权者言出法随、专断立法、暴虐执法，也难以医治当时一些人或组织以言代法、以情枉法、以权压法、权大于法的痼疾，其历史的局限性显而易见。

汲取古代法制文化精髓，认清传统法制的问题所在，有利于我们与时俱进，不断完善现代法治建设。

（三）

"法"与"德"，一刚一柔，前者注重他律，后者倡导自律，二者既有明显区别，又有密切联系。

"法律是成文的道德，道德是内心的法律。"此类见解表明，在规范社会行为、调节社会关系、维护社会秩序等方面，"法治"与"德治"是根本一致的。只是，道德底线的坚守，需要法治建设的不断完善。

《尚书》是我国流传至今年代最为久远的历史典籍之一，内容丰富，影响巨大。著名经史学家金景芳在《〈尚书新解〉序》中称，这部文献是"独载尧以来"的"中国自有史以来的第一部信史"。其中蕴含着深厚的法学内容，有多处记录反映了上古时期的法制动态及法律特征。

据《舜典》所记，皋陶担任司法大臣属于临危受命。"帝曰：'皋陶，蛮夷猾夏，寇贼奸宄。汝作士。'"士，即刑狱之官。由此可知，当时的治安形势严峻，周边受到外敌侵扰，境内犯罪活动猖獗。乱中求治之时，皋陶被委以重任，也被寄予厚望。

《皋陶谟》是一篇记言体政论散文，主要记载的是主管刑罚的高层官员皋陶的发言。

皋陶所言的主题"允迪厥德，谟明弼谐"，大意为"诚实地履行德政，君主就会决策英明，大臣们勉力辅助，君臣同心一致"。

在与大禹的交谈中，皋陶提出了为政者的"九德"标准，强调了其为政以德的指导思想："宽而栗，柔而立，愿而恭，乱而敬，扰而毅，直而温，简而廉，刚而塞，强而义。"即宽厚而谨慎，温柔而独立，忠厚而庄重，能干而严谨，柔顺而刚毅，耿直而温和，志高而慎微，刚正而实在，坚强而正义。

皋陶希望掌权者要严于自律，注重修为，做到每天都能坚持。身为大夫者，应"日宣三德"。作为诸侯王，应"日严祗敬六德"。他认为如果以"九德"的标准选人任官，那么所有的官员都会成为才德出众之人。

"九德"，涉及人的禀赋、气质、品德、才干等诸多方面，这样的要求似乎有些理想化。不过，作为官员，大权在握，与普通百姓相比，其道德品质显得至关重要。

权力是一把双刃剑，"德不配位，必有灾殃"，不仅危及民众，也会惹祸上身。这样的道理并不深奥，然而总是有人执迷不悟。

在"天命观"盛行的年代，对于政权的更迭，人们逐步认识到，因为某些贵为"天子"的人物胡作非为，"德不配位"，丧失了民心，违背了"天意"，最终丢掉了"王权"，乃至死于非命，被上苍所遗弃。

工具性是法律的基本属性之一，皋陶似乎深谙此理。他认为，社会治理的根本"在知人，在安民"，还指出，应"临下以简，御众以宽""慎乃宪"，即宽以待民，审慎司法。

《舜典》中，有"象以典刑，流宥五刑，鞭作官刑，扑作教刑，金作赎刑。眚灾肆赦，怙终贼刑"的记载。意思是：在器物上刻画五种常用刑罚（即墨、劓、剕、宫、大辟）的图形，以警示世人。用流放的方式代替五刑，以表明宽大。用鞭打作为官府的刑罚，用杖责作为学校的刑罚，用罚金作为赎罪的刑罚。对因过失犯罪的人予以赦免，对犯了罪因有所依仗而不知悔改者则严加惩罚。

上古时期，"罪"的概念，并不等同于当代所指的违法犯罪，也涵盖所谓的"罪过"，即过错。比如，不听从管束、不服从教化，也被视为有"罪"，要受到惩罚。

由此可知，流放、鞭笞、赎金等刑罚，以及赦免、严打等律令在当时已经初步形成体系。

据《大禹谟》，在处理刑狱时，皋陶认为："罚弗及嗣，赏延于世。宥过无大，刑故无小；罪疑惟轻，功疑惟重；与其杀不辜，宁失不经；好生之德，洽于民心，兹用不犯于有司。"大意是，一个人犯罪受惩罚，不应该株连其子孙后代；如果是奖赏，则应该施及其后人。如果是过失犯罪，即使严重一些也应该从宽处理；对于故意犯罪者，即使罪过不大也要从严追究；对于证据不足、犯罪事实有可疑之处的，一定要从轻发落；对有功于国家的人，虽然事实有出入也应该从优赏赐。宁可放过犯罪者，不能错杀无辜的人；必须珍惜生命，赢得民心，防范和化解官民之间的矛盾冲突。

这些言论或许就是《舜典》所记载的"惟刑之恤"和"惟明克允"，即存有仁者怜悯之心、谨慎办案量刑，务求明察秋毫、处罚公允适当。这些司法主张和执政理念，虽然道理朴素，却蕴含着高超的政治智慧，对于刚刚走出蛮荒时期的部落联盟来说，无疑具有积极的意义。

其中"罚弗及嗣"观点表明，对于动辄株连九族的"连坐制"，皋陶是反对的。更突出的则是"罪疑惟轻"主张，不仅与后来出现的"欲加之罪，何患无辞"的种种乱象，与"莫须有"的肆意妄为、与"宁可错杀一千，不可放过一人"的狂暴行径以及"先定性、后整材料"的荒谬做法形成鲜明的对比，而且与现代司法实践中"疑罪从无"的原则极为相似，体现出皋陶法律思想的先进性和前瞻性。

在古罗马法中，有"一切主张在未证明前推定其不成立"以及"有疑，为被告人之利益"的规定，被后世奉为"无罪推定"原则之先河。但是古罗马法成于公元前500年左右，皋陶则早在公元前2000多年就提出了"罪疑惟轻"的主张。一经比照，我们更加惊叹于中国传统法律思想的博大精深。只是，这种主张在随后的很长时期里没有得到重视和弘扬。

对于皋陶的司法履职行为，舜表示了赞赏，称"汝作士，明于五刑，以弼五教，期于予治。刑期于无刑，民协于中，时乃功，懋哉！"（《大禹谟》）对皋陶运用"五刑"来辅助"五教"（又称"五典"，指五常之教，即父义、母慈、兄友、弟恭、子孝，孟子称之为"父子有亲，君臣有义，夫妇有别，长幼有序，朋友有信"）的做法予以肯定。

维护社会安宁，既要扬善，着力树立正气，又应惩恶，坚决打击犯罪。皋陶通过让人们知法、畏法、守法，同时配合和强化道德教化的施行，使人悔过，使人上进，使人向善，以期最终达到用刑罚来消灭刑罚的目的。所谓"刑期于无刑"，应该是"以刑止刑"思想最早的提法吧。

作为核心层领导人物和"首席大法官"，皋陶不是局限于"民知畏法"，而是要求统治者推行德政，"慎厥身，修恩永"，即谨慎修身，坚持不懈，以求长治久安。

推崇"德法结合"，即德政与法制结合、德教与刑罚结合，无疑是皋陶主张的闪光之处。其实，不仅倡导以"法律"管制人，更是主张以"德行"让人信服，是皋陶能够成为一代圣贤的关键所在。

法制与刑罚，侧重强制性约束，是以权力威逼就范。德政与德教，所倡导的，是以身作则，是"以德化民"，是不令而行，是通过示范带动感化社会风气的好转。以上两方面有机结合，可谓刚柔并济，相辅相成。

《论语·颜渊》载："舜有天下，选于众，举皋陶，不仁者远矣！"意思是，皋陶被民众推选出来，那些不仁的坏人就被疏远了。

如此看来，一个杰出的法制人物，理应是一个关爱民众的"仁者"、一个不负众望的"德明"者。

（四）

德国著名法学家、历史法学派代表人物萨维尼在《论立法与法学的当代使命》一书中指出："在人类信史展开的最为远古的时代，可以看出，法律已然秉有自身确定的特性，其为一定民族所特有，如同其语言、行为方式和基本的社会组织体制。"有鉴于此，我们理当从历史溯源来探索独特的中华法治文明。

在历史上，皋陶是把"法制"与"德治"相提并论、主张二者结合起来的第一人。他的法律思想和治国安邦之道对后世产生了广泛而深远的影响，与后来的中国主流政治文化一脉相承。

当今，坚持依法治国和以德治国相结合，是建设社会主义法治国家的基本原则。这种治理理念既彰显了源远流长的文化传承，更体现出古为今用和与时俱进，具有鲜明的中国特色。

在中国传统文化中，具体到法制领域，儒家思想和法家思想无疑属于影响较大的学派。儒家重视推行"仁政"，提倡

"礼治""德治"，主张"德主刑辅""明德慎刑""明刑弼教"。

实际上，"礼"或"礼制"是具有规范性质的，从规则之治的意义上说，儒家的"礼治"也是一种"法治"。古代的"法"，狭义上时常与"刑"同义。儒家轻"刑"，未必就是轻"法"。

法家所言之"法"，有时是广义上的，泛指一切制度和规范，甚至包括"习惯法"；有时则特指专制体制下君主颁布的法律条文和法律典籍，即"成文法"。法家的基本特点是"不别亲疏，不殊贵贱，一断于法"，强调"以法治国"，主张"以力服人""以刑去刑"。

有人认为，中国传统法是"礼"与"法"的"共同体"。不难看出，无论是崇尚"礼治"的儒家，还是力主"法治"的法家，其法律思想与皋陶的法律思想都存在着密切的关联性，具有明显的传承关系。由此可以确认，皋陶法律思想是中国传统法律思想的重要源头。

皋陶的法律思想，展现了中华民族先辈们的超凡智慧，推进了社会治理的有序化。更为重要的是，皋陶提出的"德政""知人""安民"等主张，富有人性色彩，体现了可贵的民本思想，蕴含着真切的爱民情怀，而且洞察到民心向背的重要影响。

这些理念在后世一直为进步潮流所推崇，成为华夏大地几千年历史长河中永恒闪亮的引路明灯。类似的传统法律思想也成为构建当代中国法治文明的传承基因，始终产生着潜移默化的内在影响。

法治文明的进程，实质上体现着法的通变。善于通变，是一种大智慧：有传承，有创新；有借鉴，有改造。是古为今用，洋为中用；是取其精华，去其糟粕。通，不是照搬照套；变，并非完全否定。法之通变，是法治进程中的扬弃之道，是以变应变，是与时俱进。如同古人所云："变则其久，通则不乏。"

传承有序，承前启后，彰显的是历史深厚与文化自信。兼收并蓄，博采众长，展现的是襟怀博大和气度不凡。

二、"法治之道"论老庄

与道家人士厌弃功名利禄不同，儒家和法家人士具有强烈的经世济用意识，他们往往沉醉于从政做官，迷恋于权力和功名，或者"知其不可而为之"，或者执意于"以力服人"。

因为追求"独与天地精神往来"，道家总是居高临下，对一些现实问题看得更清楚、更深远、更透彻。

事实上，老庄的主张也具有一定的实用性。从历史上看，汉初的"文景之治"和唐初的"贞观之治"取得的突出成效，可以说是道家思想的社会成果。

人们常用"神龙见首不见尾"来形容老子，认为此人神通广大、高深莫测。说起庄子，也是个谜一样的人物，逍遥神秘，不仅超脱于世俗，也超越于生死。

老庄，是老子和庄子的并称，也指以老子、庄子学说为代表的道家思想。二人是春秋战国时期道家学派的主要思想家。

据《史记·老子韩非列传》所记，老子姓李，名耳，字聃，是楚国苦县厉乡曲仁里人，做过周朝守藏室之史，即管理国家图书馆的史官。庄子，名周，曾任蒙县漆园的地方官吏。

虽说存有争议，但研究者大多认为，老子的故里在今涡阳县（见图 2-1）。有关他们的生平，人们知之不多。至于他们的著述，读之总是令人捉摸不透。

在中国传统文化中，儒、法、道等各家自成体系，相互冲突，但彼此借鉴融合。可是，谈及对中国传统法律思想的影响，通常只是把儒家和法家思想视为典型代表，道家主张往往被忽略。

实际上，以老庄为

图 2-1　涡阳老子骑牛塑像

代表的道家思想对中国古代法律思想和法律制度的影响更为深远，只是道家法律思想颇有些"大道无形"的意味，需要我们用心领悟。

（一）"道法自然"

老子在出关入秦的途中，写下了五千言的《道德经》（亦称《老子》）。其二十五章云："人法地，地法天，天法道，道法自然。"这是老子思想的核心所在。

所谓"道"，最初的含义是人们行走的道路，后引申为实现某种目的的途径、方法，由此再抽象为道理、原则、法则、规律之义。

老子提出的"道"，属于哲学命题，既是天地万物的本原，是自然规律，又是诸如为人之道、处世之道、治国之道等一切行为的规则。

庄子和老子一样，也把"道"视为天地万物的本原。《庄子·大宗师》云："夫道，有情有信，无为无形；可传而不可受，可得而不可见；自本自根，未有天地，自古以固存；神鬼神帝，生天生地；在太极之先而不为高，在六极之下而不为深，先天地生而不为久，长于上古而不为老。"认为"道"是先于天地的独立而永恒的存在，它产生了天地万物。

《道德经》（见图2-2）认为，人、地、天、道，均受自然规律的支配。"道法自然"，意为"道"是效法自然的，是自然规律的体现。

老子的思想，表达出对于自然的崇尚，体现在法律思想层面，其"法自然"思想与西方的"自然法"学说依稀有着异曲同工之妙。

自然法学派、分析实证主义法学派与社会学法学派是西方三大主导性法律哲学流派。所谓自然法，是指反映自然存在秩序的法，是理性法，超越社会、超越人类、超越法律，代表着"绝对正义"，是"法上之法"。

虽然自然法不是具体实在的法律，但它的地位高于制定法（又称"实在法"），是人们制定法律的依据，也是判断制定法好与坏的标准。

由于文化背景不同、思维方式不同以及具体内容不同等因素，"法自然"与"自然法"存在明显的

图2-2 《道德经》郭店楚简本(部分)

区别。但是，二者都属于"理想法"，都对制定法有着指导意义。

敬畏自然、尊重自然法则，是"法自然"与"自然法"的共同要求。比如，在环境保护法的建立和完善，以及促进人与自然的和谐相处方面，这种理念极为珍贵，影响深远。

"法自然"与"自然法"的根本特征，在方向上，给制定法提出了符合"道义"、符合"正义"的要求，体现出对于"良法"的呼唤。

古希腊思想家亚里士多德在《政治学》中认为："法治应包含两重意义：已成立的法律获得普遍的服从，而大家所服从的法律又应该本身是制定得良好的法律。"强调了"良法之治"。

良法是善治的前提。"以法治国"，关键在于有"良法"可依。而有关"良法"与"恶法"的价值判断，在于其是否遵循自然法则，是否符合客观规律。

在国际关系中，也应遵从"法自然"和"自然法"的要求。国际公约应当体现公平正义的原则，坚决反对强权扩张、以大欺小、以邻为壑等一系列霸道和恶劣行径，为人类社会的和谐发展提供支撑与保障。

（二）"法令滋彰，盗贼多有"

"法令滋彰，盗贼多有"出自《道德经》第五十七章，意思是，法条越是繁多，盗贼就越多。

法律本来是用于"禁奸邪、刑盗贼"的，是制止和惩治犯罪的。可是，在老子看来，法令却有着产生盗贼、催生犯罪的功能。

这样的论断源于逆向思维，也许有违人们的常识，却引发人们深刻反思，也体现出老子与众不同的洞察力。

老子说："民之饥，以其上食税之多，是以饥。""民之轻死，以其上求生之厚，是以轻死。"（《道德经》第七十五章）意思是，因为君王们征收的税赋太多、盘剥过重，导致百姓忍饥挨饿，生活贫困。正是为了谋求生存，有人才不惧死亡，敢于触犯法令。

庄子则认为："财不足则盗。盗窃之行，于谁责而可乎？"（《庄子·则阳》）大意为，财力不济才行盗，对于盗窃的行径责备谁才合理呢？庄子言下之意是，统治者应该对这些因贫富不均而造成的犯罪行为负责。

老子还认为："天之道，损有余而补不足。人之道，则不然，损不足以奉有余。"（《道德经》第七十七章）意思是说，自然界的规律是减损有余的东西，增补不足的东西。人类社会的现实，往往是掠夺财物不足的穷人，来供养财物富余、贪得无厌的富人。

在老子看来，统治者的"人之道"是压迫剥削民众，与"天之道"相违背，客观上揭示出产生犯罪的真正根源是残暴野蛮的剥削制度。

与道家人士厌弃功名利禄不同，儒家和法家人士具有强烈的经世济用意识，他们往往沉醉于从政做官，迷恋于权力和功名，或者"知其不可而为之"，或者执意于"以力服人"。

因为惯于服务专制统治制度，诸多儒法人士身在"体制"内，迷在当局中。或因见识不足，或因胆识缺乏，对于帝王和眼前的制度，他们想不到也不敢去提出质疑。权贵富豪穷奢极欲，他们熟视无睹；苦乐不均、贫富分化，他们见怪不怪。

毕竟，在这种不平等的社会中，这些人也是既得利益者。他们所能做的，只能使"法令滋彰"而已，其结果是治标不治本。

不过，这样的法令只能惩治小毛贼，却为窃国大盗提供保护。正如庄子（见图2-3）所言："窃钩者诛，窃国者为诸侯。"（《庄子·胠箧》）

图2-3 蒙城庄子祠

因为追求"独与天地精神往来"，道家总是居高临下，对一些现实问题看得更清楚、更深远、更透彻。老子与庄子的分析透过犯罪的现象，看到了犯罪的实质，发现了犯罪背后的深层原因，切中要害，直指现实社会的黑暗面。

在古代中国，"法，刑也"，所谓"法令"多为刑律，是帝王惩罚犯罪、控制和镇压广大民众的手段和工具。

法制，既指静态意义的法律制度，也有动态的依法办事的含义，即可以理解为利用法令进行制裁、制服、管制。

"制，裁也。从刀从未。未，物成有滋味，可裁断。一曰止也。"（《说文解字》）此说意味着法制与刑具、决断相关联。

古代的"法制"，虽然也称作"法治"，实际上是以强化封建集权和君主独裁为前提，以推行"严刑峻法"为手段，把法律变成权力的奴仆和随从，使法律成为统治者管控民众的工具，是典型的"专制"与"人治"。

现代"法治"，却是众人之治，是与民主平等、权利本位、权力制约等核心价值密不可分的。

简言之，传统的"法治"，帝王超乎法之上，是专制的法治，旨在加强皇权；现代"法治"，崇尚法律至上，是民主的法治，重在制约权力。

有学者形象地称"法制"为"刀制"（"制"字为"刂"旁），也有的称"法治"为"水治"（"治"字为"氵"旁）。这是取古代名言"水能载舟，亦能覆舟"之意，以"水"象征人民，指明现代"法治"为民主之治。

中国文字独具魅力，中华文化博大精深。在中国古代，"水"往往引发前贤先哲的深邃思考，如"上善若水""从善如流""海纳百川""防民之口，甚于防川"等，充满睿智，意味悠长。

清人段玉裁《说文解字注》曰："水，准也。准，平也。天下莫平于水。"

"法治"二字均从水，暗合了人们对于"公平"与"正义"的不懈追求，也体现了整个社会对于"良法"与"善治"的美好向往。"平之如水"，是"某种意志"，也是一种超越现实的理想追求。

由此，还引申到"以法治国"与"依法治国"的区别，虽一字之差，却有着本质的不同。

有学者认为，"以法治国"意为用法律去治国，把法律作为治国的工具。其实质是"专制"而不是真正的"法治"，不过是"人治"的另外一种表现形式。

"依法治国"则是指治国必须依法，即治理国家的方式方法必须依照法律的规定，要求国家的管理者必须依照人民按自己的利益和意志制定出来的法律来行事，不得违法。

在封建社会里，专制集权下的高压统治虽然披着"法治"和"合法"的外衣，但维持专制统治的法律制度是导致"盗贼多有"的"恶法"。

用暴力手段征服人民，让民众被迫服从，势必压而不服，引起被压迫者的反抗，发生以暴抗暴的现象。

面对"法令滋彰，盗贼多有"的困局，一些开明睿智的执政者注意宽简法网，轻徭薄赋，与民休养生息，缓和社会矛盾。这些举措不仅促进了社会的繁荣稳定，也稳固了当权者的统治地位。从这个角度来看，老子的法律思想给了他们非常有价值的警示。

例如，唐太宗李世民即位之初，与群臣讨论如何平息盗贼。有人建议"重法以禁之"，唐太宗"哂之"，说道："民之所以为盗者，由赋繁役重，官吏贪求，饥寒切身，故不暇顾廉耻耳！朕当去奢省费，轻徭薄赋，选用廉吏，使民衣食有余，则自不为盗，安用重法邪？"（司马光《资治通鉴·唐纪》）显而易见，此类历史反思与老子的主张一脉相承。从实际情况看，上述应对之策是积极有效的。

（三）"民不畏死，奈何以死惧之"

《道德经》第七十四章写道："民不畏死，奈何以死惧之？"意思是，民众不怕死，又怎么能用死刑来威吓他们呢？

死刑是极刑，是最严厉的刑罚。古代的死刑，除了留有全尸的"绞刑"，还有身首异处的"枭首"、一刀两段的"腰斩"，以及五马分尸的"车裂"、千刀万剐的"凌迟"等。有些行刑杀人的手段极其残暴，令人毛骨悚然。封建社会的野蛮和血腥，由此可见一斑。

但是，只有在人们惧怕死亡的前提下，这些极刑才能起到应有的作用。如果老百姓连死都不怕，认定"横竖都是一死"，觉得"砍头不过碗大疤"，还会畏惧法律、畏惧统治者吗？老子之言，点明了法律功能的有限性。

就像黄仁宇在《万历十五年》结语中所言："道德非万能，不能代替技术，尤不可代替法律。"同样，法律也不是万能的。

就社会治理而言，除了法律手段，还需运用政治、经济、行政、文化、教育等多种手段。不仅需要惩戒，还应正面引导；不仅只是威慑，还应注重感化；不能安于治标，更应着力治本。

历史上为数不少的当权者，过于迷信法律的权威和作用，偏执于对刑罚的运用。由此导致严刑峻法层出不穷，诸多"酷吏"应运而生。其结果总是事与愿违，适得其反。

一些法家人物往往出语偏激，行事极端。比如，《韩非子·奸劫弑臣》云："夫严刑重罚者，民之所恶也，而国之所以治也；哀怜百姓轻刑罚者，民之所喜，而国之所以危也。"主张以"严刑重罚"统治民众，对司法暴力崇拜之至，执意把国家置于民众的对立面。

商鞅更是认为："国以善民治奸民者，必乱，至削；国以奸民治善民者，必治，至强。"（《商子·去强》）这种"以奸民治善民"的主张，完全颠覆了传统伦理道德理念，也有悖于中国历史上的主流治国理政思想。

单纯强调功利原则，忽略社会伦理规范的合理性，会直接导致道德缺失与信仰危机。只看眼前利益，不顾长远效果，为了目的不择手段，势必后患无穷。不能提出限制君权的制度性主张，认识不到并且低估民众的反抗力量，这样的缺陷足以致命。

当"恶人"执法、"以法"行缺德之事等黑暗现象被统治者默许、接受甚至被鼓励，其引发的祸害可能无法避免。

秦王朝一统天下，成就瞩目，体现了治乱中法家的优势。

刀斧鞭棍的驱使是立竿见影的，似乎比礼乐仁义的繁缛说教更为有效，"法治"的灵验让帝国的统治者如获至宝，陷入狂热之中。

然而，打江山难，守江山更难。好景不长，物极必反。法家"严而少恩"的治国方略犹如一剂猛药，虽然快速见效，但毒副作用很大。

图2-4 大泽乡陈胜吴广起义雕像

当陈胜、吴广等人受命戍边、遇雨被阻时，已是身陷绝境——"今亡亦死，举大计亦死"，因为"失期，法皆斩"。走投无路之下，他们揭竿而起。天下响应，星火燎原，引发了波澜壮阔的农民大起义（见图2-4）。泱泱大国，土崩瓦解。因为"用法益刻深"，严酷的法律、残暴的统治最终致使大秦帝国短命而亡。

"法皆斩"之类的苛法本来是恫吓和对付民众的，最后竟然断送了秦国的前程。对于这样的结果，那些立法者和执法者当初可能没有料想到吧。

庄子推崇"不赏而民劝，不罚而民畏"（《庄子·天地》），认为"礼法度数"是治国的下策，制刑立禁不仅无益于治，反而是产生祸乱的原因。这些观点表现出对封建统治者酷刑滥罚的深恶痛绝，明显带有法律虚无主义倾向。

与庄子不同，老子对"法治"并非一概反对，对死刑也不排斥。他说道："若使民常畏死，而为奇者，吾得执而杀之，孰敢？常有司杀者杀。夫代司杀者杀，是谓代大匠斫。夫代大匠斫者，希有不伤其手矣。"（《道德经》第七十四章）意思是假如民众真的畏惧死亡的话，对于为非作歹的人，我们就把他抓来杀掉。谁还敢这样做呢？不难看出，这种注重刑杀的惩治、预防作用的思想，与后来法家"以刑去刑"的论断有着一定的渊源关系。同时，老子要求刑杀之事应有专人掌管，体现了其慎刑和反对滥杀的主张，与儒家的法律思想比较接近。

在认可刑罚的价值和死刑的必要性方面，道家人物显得有些被动，有些勉强。正因如此，他们才能远离法家人物的亢奋，也比言必称"礼治"的儒家人物更能看清问题的关键。

老百姓之所以不畏死亡，不是对生命不珍惜，而是受剥削过多，受压迫太重，是身处水火之中，生无可恋，生不如死。其实，正是因为统治者的横征暴敛、胡作非为，导致了民不聊生、"民不畏死"，导致法律失去了道德基础，也失去了其应有的权威。

事实上，刑罚的严厉程度未必与犯罪率成反比，死刑也不能真正震慑犯罪。酷烈的刑杀甚至更容易导致正在犯罪的人产生"破罐子破摔"的心理，而将本可停止的犯罪行为扩大化。

在当代社会，对于死刑的执行非常慎重。而在已经废除死刑的一些国家，犯罪率并未发生明显变化。毫无疑问，只有从根本上减少犯罪滋生的土壤，才能实现社会的稳定与和谐。

"民不畏死，奈何以死惧之？"可谓一语惊醒梦中人。显然，对于这个严峻的问题，历代执政者必须直面，无法回避。

（四）"无为而无不为"

在老子看来，"道"的自然本性是"'道'常无为而无不为"（《道德经》第三十七章），意思是只要不妄为，就没有什么事情是做不成的。

与儒家认为人的本性是善良的、法家认为人的本性是邪恶的不同，道家认为，人的本性是朴实的、天真的。如果统治者能够"无为而治"，整个社会就会变得"我无为，而民自化；我好静，而民自正；我无事，而民自富；我无欲，而民自朴"（《道德经》第五十七章）。

庄子则对"无为"极为推崇，认为："无为者，天地之本而道德之至也。"（《庄子·天道》）倡导君臣之间应做到："上必无为而用天下，下必有为为天下用。"（《庄子·天道》）试图通过明确君王与臣民的不同定位取向，克服专制制度的固有弊端。

在古代，掌权者总是喜欢闹点动静，搞点大动作，时不时找一下存在感。"一朝权在手，便把令来行""新官上任三把火"已然常态化，有的人喜怒无常，动辄"朝令夕改"，更有甚者，把法令当儿戏，凭借权势"烽火戏诸侯"，只为博得美人一笑。

道家学派主张统治者无所作为，指望他们看淡权力，无动于衷。显然，这种愿望属于不切实际的幻想。

但是，这种学说未必没有价值。它指明了遵从客观规律、顺势而为的重要性，揭露了统治者肆意妄为、胡乱作为的危害。

事实上，老庄的主张也具有一定的实用性。从历史上看，汉初的"文景之治"和唐初的"贞观之治"取得的突出成效，可以说是道家思想的社会成果。

老庄的学说有些玄妙，显得高深莫测。随着他们不断被神化，有好事者竟然将其与不食人间烟火的仙界扯上了联系，道教也因此被当成一种受人崇拜的宗教信仰，老子、庄子似乎与现实社会越来越远。

但是，自古以来，热衷于解读他们的哲学思想以及法律思想的人却为数不少。

《韩非子·解老》云："治大国而数变法，则民苦之。是以有道之君贵静，不重变法。故曰：治大国者若烹小鲜。""民不敢犯法，则上内不用刑罚，而外不事利其产业。上内不用刑罚，而外不事利其产业，则民蕃息。民蕃息而畜积盛。民蕃息而畜积盛之谓有德。""朝甚除也者，狱讼繁也。狱讼繁则田荒，田荒则府仓虚，府仓虚则国贫……"

由此可见，作为先秦法家思想的集大成者，韩非子对道家"无为而治"法律思想的认识颇为到位。

《淮南子》则云："若吾所谓无为者，私志不得入公道，嗜欲不得枉正术，循理而举事，因资而立，权自然之势，而曲故不得容者，事成而身弗伐，功立而名弗有。"（《修务训》）把"无为而治"理解为出于公心、遵循自然规律，由此而成就事业。又说道："法生于义，义生于众适，众适合于人心，此治之要也。"（《主术训》）"故有道以统之，法虽少，足以化矣；无道以行之，法虽众，足以乱矣。"（《泰族训》）表现出对老庄"法自然"等主张的推崇。

《道德经》第十四章云："执古之道，以御今之有。"意思是，掌握自古相传的规律，可以运用到当今的实际中。《道德经》《庄子》中涉及的具体法律观点不多，但是其中蕴含着丰富的法律哲学。因为崇尚小国寡民的生活和向往逍遥自在的天地，老庄思想难免存有消极因素，只是，其中的积极影响不容忽视。

人是自然属性和社会属性的统一。道家学派似乎更加关注人的自然属性，对于人的自由和生命的淳朴状态极为看重。儒家和法家学派则更加重视人的社会属性，所以特别强调遵守社会规则和发挥社会价值的重要意义。由此，也引发了相互之间法律思想的差异。

但是，诸家在理论上各执己见，实践中却未必不能调和兼容。从随后的法制进展中，不难发现一种合流的趋势，就是各种主张相互之间的借鉴接纳，以及你中有我、我中有你的融会贯通。

四川成都宝光寺大雄宝殿有副楹联曰："天下事了犹未了，何妨以不了了之；世外人法无定法，然后知非法法也。"其中的"法无定法""非法法也"，大有禅意，耐人寻味，与老庄之道蕴藏的玄机类似。

《道德经》有云："道可道，非常道。"有人将此言断句为："道可，道非，常道。"颇有些"条条大路通罗马"的意味。照此理解，"礼治"也好，"法治"也好，"无为而治"也好，各自选择不同，都有其存在的价值和意义。

所谓"道"，总是在不断探索之中。显然，只有符合自然法则、顺应历史发展规律的，才是真正的人间正道。"法"，亦是如此。

三、法家先驱是管仲

《管子》一书把经济思想和法律思想作为重点，似乎存在着某种必然性。或许，其中暗示着经济发展与"法治"建设的密切联系吧。

实际上，管仲所主张的"法治"是与儒家所倡导的"礼治"相对应的。法家的"法治"是为了实施"力政"，儒家的"礼治"则意在推行"仁政"。

其实，儒法之争，虽然此起彼落，却又相互交会，彼此融合。随着"罢黜百家，尊崇儒术"的推崇，历代帝王尽管口头上都大肆宣扬儒家理念，行动上却离不开法家套路，对"法""术""势"相结合的"王霸之道"更加崇尚。由此而出现的所谓"新儒学"，实际上是兼容并蓄的结果。

所谓的"外儒内法""明儒暗法"，即为他们统治手段的真实写照。

在社会大变革的浪潮中，面对礼崩乐坏的局面，管仲突破传统"礼制"的束缚，主张"君臣上下贵贱皆从法"，废除贵族阶层专有的司法特权，无疑维护了法令的平等性、公正性和权威性。在当时的历史条件下，提出这种主张是难能可贵的，具有重要的进步意义。

在百家争鸣的时代，那些步入诸子行列的人物，都是"思想界先驱者"。老子、孔子、墨子、孟子、庄子、孙子、鬼谷子、韩非子……一个个名垂史册，影响深远。

在古代尤其是先秦时期，"子"是一种尊称。被称为"子"者，或是德高望重的贤哲，或是某种学派的始祖，或是学问精深的老师。其中，史称管子的管仲，被后人称为"法家先驱"，也是历史上第一个提出"以法治国"的人。

（一）管仲其人

管子，名夷吾，字仲，谥敬仲，齐桓公尊其为"仲父"，春秋时期颍上（今安徽颍上）人。生年不详，卒于齐桓公四十一年（前645）。

谈到管仲，流传最广的故事，莫过于"管鲍之交"（见图3-1）。《史记·管晏列传》中有记：

管仲曰："吾始困时，尝与鲍叔贾分财利多自与，鲍叔不以我为贪，知我贫也。吾尝为鲍叔谋事而更穷困，鲍叔不以我为愚，知时有利不利也。吾尝三仕三见逐于君，鲍叔不以我为不肖，知我不遭时也。吾尝三战三走，鲍叔不以我为怯，知我有老母也。公子纠败，召忽死之，吾幽囚受辱，鲍叔不以我为无耻，知我不羞小节而耻功名不显于天下也。生我者父母，知我者鲍子也。"

图3-1 颍上管鲍祠

据上记载，管仲的表现有些差强人意，"人品"看似不佳，经商时多拿分红，打仗时当逃兵，并且很会寻找借口，是一个比较自私、功利性很强的人。当然，换个视角，这种言行也可以理解成比较务实、比较坦率、不做作。

管鲍二人友情深厚，却各为其主。当时，齐国发生内乱，管仲辅佐公子纠，鲍叔牙辅佐公子小白，即后来的齐桓公。为了帮助公子纠争夺王位，管仲甚至射杀其对手小白。逃过一劫的小白即位后成为齐桓公，随后公子纠被杀，管仲也沦落为阶下囚。

经过鲍叔牙的周旋说和，齐桓公以一代霸主的宽广胸襟原谅了管仲的一箭之仇，任其为宰相。

在经济尚不发达的春秋战国时期，要提升国力，"凝心聚力抓发展"当属头等大事。

在管仲辅佐下，通过"通货积财，富国强兵"等举措，以及高举"尊王攘夷"的旗号，齐国逐渐强盛起来，先后主持了三次武装会盟，六次和平会盟，辅助周王室平乱，"九合诸侯，一匡天下"，成功建立霸业，成为春秋五霸之一。管仲一生辅佐齐桓公长达四十多年，功绩彪炳，被誉为"春秋第一相"。

孟子曰："春秋无义战。"那个时代，礼崩乐坏，群雄逐鹿，烽烟四起。乱世之战，往往无关是非对错，只有弱肉强食的杀戮，以及成王败寇的抢夺。

作为家臣，不能对主上尽忠，难免受到非议。据《论语·宪问》，子路觉得，辅佐公子纠的召忽殉主自杀，管仲却未能赴死，是没有仁德的。孔子则认为，管仲辅佐齐桓公主持诸侯之间的会盟，停止兼并战争，这就是管仲的仁德。

很多时候，结果比过程更为重要。况且，"大"与"小"总是相对的。有些事情，在一般人看来属于"大义"，但对于某些成就显赫的"大人物"而言，只是无足轻重的"小节"而已。毕竟，"纠与齐国较，纠极小而国极大，纠极轻而国极重也"。

对于管仲的政治才干和历史功绩，孔子大为赞赏，甚至言及"微管仲，吾其被发左衽矣"（《论语·宪问》），认为假若没有管仲，我们都会披散着头发，衣襟向左边开。

但是，孔子对管仲也存有一些不满之处。《论语·八俗》云：

> 子曰："管仲之器小哉！"或曰："管仲俭乎？"曰："管氏有三归，官事不摄，焉得俭？""然则管仲知礼乎？"曰："邦君树塞门，管氏亦树塞门。邦君为两君之好，有反坫，管氏亦有反坫。管氏而知礼，孰不知礼？"

孔子认为管仲器量狭小，并对其收取市租、手下的官员不兼差以及采用国君的礼制招待宾客提出批评。显然，不尚节俭、僭越礼制的行为有违儒家所提倡的君子之德。

儒家学派的有些观点往往带有较强的理想主义色彩。只是，一个在乱世中大显身手、过于看重经济指标且热衷于辅佐君主成就霸业的政治人物，怎么可能会是一个温文尔雅的谦谦君子呢？或许，管仲对能否成为"君子"并不在意，他只想成为一个才能出众的真强人，没有打算去做一个口是心非、道貌岸然的伪君子。

有关管仲的评价，历来存有争议。孔老夫子对于管仲有褒有贬的态度，具有一定的代表性。

但是，管仲的历史功绩无疑值得肯定。相传，管仲死后，葬于今山东临淄的牛山北麓。在管仲墓附近，现建有管仲纪念馆（见图3-2），通过对管仲生平和《管子》思想的介绍，宣传这位杰出的历史人物。

图3-2 淄博管仲纪念馆

（二）《管子》其书

作为著名的古代典籍，《管子》是管仲及其追随者们即"管仲学派"著述的一部学术著作，包罗万象，宏大精深，堪称一部经邦治国的百科式全书。

作为史家，司马迁对《管子》甚为赞赏，对管仲实施的治国方略尤为敬佩。他在《史记》中写道："吾读管氏《牧民》《山高》《乘马》《轻重》《九府》及《晏子春秋》，详哉其言之也。既见其著书，欲观其行事，故次其传。至其书，世多有之，是以不论，论其轶事。"

"仓廪实而知礼节，衣食足而知荣辱。""凡治国之道，必先富民。""政之所兴，在顺民心；政之所废，在逆民心。""天下不患无臣，患无君以使之。天下不患无财，患无人以分之。"
"合则强，孤则弱。""一年之计，莫如树谷；十年之计，莫如
树木；终身之计，莫如树人。"《管子》中，类似的至理名言为
数不少，质朴实在，直指要害。

《管子》（见图 3-3）今存 76 篇，内容极其丰富，涉及政
治、经济、法制、军事、教育、道德、伦理等诸多方面，见解
精辟，思想深邃。

经济思想是《管子》
一书的主要思想，全书三
分之二的篇幅论及经济问
题。其中，主张发挥市场
机制作用、强化国家调控
等观点举措富有创见，较
为超前。

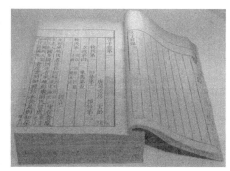

图 3-3　《管子》

管仲利用齐国濒海等有利条件，采取出口不纳税的政策，
鼓励渔盐贸易。设置盐官和铁官，实行盐业和铁业的国家专卖
制度。改革农业税制度，"相地而衰征"，按土地好坏分为不同
等级进行定额收税。通过奖励耕织和发展工商业，"与民分
货"，与民众分享经济收益。

管仲为相，促进生产发展、便利士农工商，增加国家和民
众的财富积累，是其职责和使命所在。因此，《管子》大谈经
济、关注强国富民政策也在情理之中。

显得突出的是，书中阐述法律思想的内容很多，直接言法的篇章占比较大，比如《七法》《版法》《法禁》《法法》《任法》等。

所谓"七法"，谈论的是七项法则。"版法"，意为刻在版牍之上的法则。"法禁"，即确立法律以实现令行禁止。"法法"，即取法于法律禁令。"任法"，就是依靠法律治国理政。仅从以上列举的篇目来看，可知书中法制方面内容涉及之广泛。

有统计表明，全书专门讲述法律思想的篇章占据了16%左右。由此可见，管仲堪称一位出类拔萃的"法学家"。

什么是"法"？《管子·七法》认为："尺寸也，绳墨也，规矩也，衡石也，斗斛也，角量也，谓之法。"《管子·七臣七主》曰："法律政令者，吏民规矩绳墨也。"从度量衡、规矩以及追求平准的角度出发，定义"法"的概念，体现了管仲对"法"的公平与正义的关注。

《管子·法禁》云："法制不议，则民不相私。"大意是，法令制度不容非议，民众就不敢相互营私。《管子·明法解》曰："以法治国，则举措而已。"

这是古代文献中首次明确提出了"法制"概念和"以法治国"命题。书中还对为什么在治国理政中要坚持"法治"和如何实现"法治"等进行了全面系统的论述。

因为曾经生活在社会底层，管仲对普通民众的生存状况一清二楚。他深知："一农不耕，民或为之饥；一女不织，民或为之寒。"（《管子·轻重甲》）在重视实现强国、图谋霸业的同时，他不忘改善民生、争取民心，注意采取有效对策让老百姓富裕起来。

在古代法制人物中，管仲不仅把法律运用在政治方面和社会治理方面，而且善于把法律运用到经济领域。如果从这个角度来看，"经济法"思想称得上是管仲法律思想的重中之重。

在传统意识中，商人往往受到歧视。俗话说："无奸不商。"现在看来，这种观念显然有些片面，也较为偏激，可能还带有些"仇富"心态。

实际上，若论奸诈者，各行各业都有。比如，历代官员中，"奸臣"者并不少见。经商者中，虽说存有"奸商"，但是不乏诚实守信的"儒商"，不应一概而论。

管仲有过商贾经历。《管子·小匡》云："士农工商四民者，国之石民也。"意思是，经商者与读书人、农民、工匠一样，都是作为国家柱石的人民。只是，受多方面因素的影响，在中国历史上，"重义轻利""重农抑商"等观念长期占据上风，严重制约了经济发展和社会进步。

今人有观点认为，市场经济是法治经济。毕竟，商品交换需要建立规范的市场秩序，需要营造良好的竞争环境，所有这些都需要强有力的法律约束。《管子》一书把经济思想和法律思想作为重点，似乎存在着某种必然性。或许，其中暗示着经济发展与"法治"建设密切的联系吧。

（三）"以法治国"

《管子》中有关法律与法治的论述，在我国法律思想发展史上占据着重要地位，是传统法治文化不可或缺的组成部分。

推行法治，必须重视立法，有法可依。《管子·版法解》提出："凡国无法则众不知所为，无度则事无机。"强调国家如果没有统一的法制，治国则无从谈起。并且认为："不淫意于法之外，不为惠于法之内也。"（《管子·明法》）用现在的话说，就是要"一切以法律为准绳"。

管仲认为，"法"可以区分为法、律、令。"法者，所以兴功惧暴也；律者，所以定分止争也；令者，所以令人知事也。"（《管子·七臣七主》）以"法"确定赏善惩恶的标准，以"律"处理各种社会纠纷，以"令"明确人们的行为规则。通过细化和完善法制体系，进一步强化法制功能。

执法必须严格。"有法不正，有度不直，则治辟，治辟则国乱。"（《管子·版法解》）如果法律不能执行，所立之法就是一纸空文，不能发挥任何作用。

正人须先正己，君主的表率作用非常重要。"故上不行，则民不从；彼民不服法死制，则国必乱矣。是以有道之君，行法修制，先民服也。"（《管子·法法》）执法方面只有上行下效，才能令人信服，才能把法令推行于民众。

刑罚的威力是有限的。"故刑罚不足以畏其意，杀戮不足以服其心。故刑罚繁而意不恐，则令不行矣。杀戮众而心不服，则上位危矣。"（《管子·牧民》）压服的结果是压而不服，施行暴政就会危及当政者的统治。后世的一些法家人物没有认真领会管仲的法律思想，过分迷信严刑峻法的功效，以致事与愿违，适得其反。

当然，管仲深知法律是君主意志和国家意志的体现，代表着统治阶级利益。《管子·明法解》曰："法度者，主之所以制天下而禁奸邪也。"

后人把管仲视为法家的重要人物，认为法家发轫于春秋时期管仲在齐国主持的变法。所谓法家"是战国时期以法治为思想核心的一个学派"（《中国大百科全书》）。

实际上，管仲所主张的"法治"是与儒家所倡导的"礼治"相对应的。法家的"法治"是为了实施"力政"，儒家的"礼治"则意在推行"仁政"。不过，二者都局限于"人治"的藩篱中。

在先秦儒家的语境中，所谓"人治"，就是"贤人政治"，主张由圣君贤臣治理国家，其中不乏强调统治者加强自律、注重道德感召力的意图。比如，宣扬"不能正其身，如正人何？"甚至认为"其身正，不令而行；其身不正，虽令不从"（《论语·子路》），力主"贤者在位，能者在职"（《孟子·公孙丑上》）等。

只是，圣贤人物较为罕见，作为个体的人，往往难以摆脱个人好恶及各种局限性。在传统社会里，"权力决定一切"的现象无处不在，随着"权力崇拜""个人崇拜"的盛行，所谓的"人治"，背离了儒家的本意，往往与"专制"以及"独裁"联系在一起，成为凭借权力可以为所欲为的代名词。

在强调"法治"的同时，管仲并不否认道德教化的作用。他认为，"国有四维，礼义廉耻"（《管子·牧民》），"教训成俗，而刑罚省"（《管子·权修》），主张治理天下不能专任粗暴的"以力使"，也应"以德使"，以至于"民从之如流水"（《管子·君臣下》）。

显然，管仲的法律思想汲取了一定程度的儒家主张，其包容性和丰富性由此可知一二。而且，从孔子对管仲的评价来看，二者并非水火不容，势不两立。

其实，崇尚"礼治"的孔子对法令规则也表现出应有的尊重。比如，出自《吕氏春秋·先识览·察微》"子贡赎人"的故事，就很有代表性。

据称，鲁国有法律规定，如果有人把在其他国家沦为奴隶的鲁国人赎出来，可以到国库领取这笔赎金。有一次，孔子的弟子子贡（端木赐）在国外赎回了一个鲁国人，回国后却拒绝领取国家赔偿金。孔子知道后说：子贡做错了。从今以后，鲁国人将不会从别国赎回自己落难的同胞了。向国家领取补偿

金，不会损伤到你的品行；如果不领取补偿金，鲁国就没有人
再去赎回自己落难的同胞了。

孔子的弟子子路救起一名溺水者。为表谢意，被救者送了
一头牛，子路收下了。孔子得知后，高兴地说：鲁国人从此一
定会勇于营救溺水者了。

《淮南子·齐俗训》曰："子路受而劝德，子贡让而止善。"
个人美誉与实际社会效果，孰轻孰重？高尚的道义与法定的利
益，谁虚谁实？二者如何取舍，虽说存有争议，更加确切的答
案却是不言自明。实际上，与规则相关的某些事件，其"后
果"往往比"结果"影响更大，也更为重要。

作为"万世师表"，"孔子见之以细，观化远也"，他具有
敏锐的洞察力和不凡的见识。显然，孔子深知，"道德"的作
用和影响是有限的。盲目地拔高道德的标准，违反常情，悖逆
世俗，最终只会是偏离初衷，难遂人愿。

其实，儒家并不排斥"法治"，也从不否定刑罚的作用。
对于违反"礼制"者施行刑罚乃至极刑，儒家人士是赞成的。
《礼记》是儒家经典之一，其《王制》篇云："析言破律，乱名
改作，执左道以乱政，杀；作淫声异服，奇技奇器以疑众，
杀；行伪而坚，言伪而辩，学非而博，顺非而泽以疑众，杀；
假于鬼神、时日、卜筮以疑众，杀。此四诛者，不以听。"

其大意是，有四种罪可以不审即杀：一是破坏秩序、另辟
道统以乱政；二是淫乱音声、奇装异服等以诱众；三是心怀险

恶、奇谈怪论以疑众；四是装神弄鬼、算命占卜以惑众。

由此看来，儒家主张的"礼治"未必局限于"德治"，他们往往"先礼后兵"，教化无效时，有可能诉诸暴力、使用刑罚。

其实，从本质上看，"礼治"也是一种"法治"。只是其崇尚的规则，是适应严密等级制度需要的"礼制"，是维护周朝奴隶主贵族统治的"礼法"。

"礼"与"刑"，是古代统治者治国治民的两种重要方式和手段。时过境迁，随着奴隶制的逐渐消亡，作为治国方略，"礼制"早已被历史的潮流所淘汰，特别是"礼不下庶人，刑不上大夫"（《礼记·曲礼上》）等体现宗法等级制的特权思想已经属于陈旧落后的观念。

但是，儒家法律思想的某些合理成分，比如"德治""仁政""慎刑"等主张，不仅被传承下来，而且随着社会的进步不断地发展演进。

据《管子·枢言》："管子曰：道之在天者，日也；其在人者，心也。"《管子·形势解》云："道者，扶持众物，使得生育，而各终其性命者也。故或以治乡，或以治国，或以治天下。"

不难看出，这些言论与道家学说比较一致。既然"道"被认为是无处不在的，那么，管仲所探寻的，无疑是治国之道，是"法治"之道。

《管子》一书突出体现了法家思想，然而，其中不仅可以看到儒家学说和道家学说的影响，也能发现墨家、阴阳家、兵家、名家等学派的踪迹，体现了那个时期百家学术的融通性。

其实，儒法之争，虽然此起彼落，却又相互交会，彼此融合。随着"罢黜百家，尊崇儒术"的推崇，历代帝王尽管口头上都大肆宣扬儒家理念，行动上却离不开法家套路，对"法""术""势"相结合的"王霸之道"更加崇尚。由此而出现的所谓"新儒学"，实际上是兼容并蓄的结果。

在君权高于一切的前提下，统治者一方面大谈"仁政"和伦理纲常，一方面施行强权暴政保持高压态势，意在严格掌控臣民的思想行为。所谓的"外儒内法""明儒暗法"，即为他们统治手段的真实写照。

《管子·任法》云："夫生法者君也，守法者臣也，法于法者民也，君臣上下贵贱皆从法，此谓为大治。"《管子·明法解》曰："制群臣，擅生杀，主之分也。县令仰制，臣之分也。威势尊显，主之分也。卑贱畏敬，臣之分也。令行禁止，主之分也。奉法听从，臣之分也。"

在社会大变革的浪潮中，面对礼崩乐坏的局面，管仲突破传统"礼制"的束缚，主张"君臣上下贵贱皆从法"，废除贵族阶层专有的司法特权，无疑维护了法令的平等性、公正性和权威性。在当时的历史条件下，提出这种主张是难能可贵的，具有重要的进步意义。

可是，既倡导君主本身要服从于法律约束，又推崇君权高于法令，难免自相矛盾。后世统治者还通过所谓的"上请"（贵族官僚犯罪，可通过向上请示，享受赎罪优待）、"八议"（即八类权贵人物犯罪，可以特殊优待，由皇帝裁决）等方式，将这种"特权"法律化、制度化。如此，以君主的"威势"进行所谓的"法治"，实质上只能是"专制"，又回到以权力主导的"人治"的轨道上，其所谓的"大治"也就注定无法实现。

确切地说，《管子》一书主张的"以法治国"，不过是以法"牧民"、以"刑"压人，这种"法治"思想虽说在当时具有积极影响，但与包含法律至上、人人平等、重视民主等主张的当代"法治"观念有着本质的不同。

四、千古奇书《淮南子》

作为中国思想史上一部影响较大的学术巨著，《淮南子》蕴含着丰富的法律思想，在继承先秦诸家法律观的同时，批判地吸纳其中的合理成分，形成了别具一格的法律主张。

更为突出的是，《淮南子》提出了"以法禁君"的重要命题，指出："法籍礼仪者，所以禁君，使无擅断也。"同时要求君主做到"喜不以赏赐，怒不以罪诛"（《主术训》），明确反对君主独断专行，认为君主也应该受法律约束。

在君主专制的时代，这种思想无疑是大胆的、叛逆的，也是积极的、进步的，而且与现代法治社会"法律至上"的核心观念如出一辙，并且与现代社会所推崇的政治民主化的追求比较接近，具有可贵的超前意义。

八公山下的古城寿春（寿县古称，见图4-1），曾是西汉时期淮南王国的都城。

作为西汉前期的重要历史人物，淮南王刘安颇有名气，他既是淮南国的诸侯王，又是文学家、思想家。

图4-1　寿县古城门

有关刘安的传说不少，据称豆腐就是刘安发明的。《格致镜原》有载："豆腐之术，三代前后未闻。此物至汉淮南王始传其术于世。"明代著名医学家李时珍《本草纲目·卷二十五·谷部》也称"豆腐之法，始于汉淮南王刘安"。

东汉王充《论衡·道虚》云："儒书言：淮南王学道，招会天下有道之人，倾一国之尊，下道术之士，是以道术之士并会淮南，奇方异术，莫不争出。王遂得道，举家升天，畜产皆仙，犬吠于天上，鸡鸣于云中。"成语"一人得道，鸡犬升天"就来源于此。

事实上，刘安没有也不可能成仙升天，他的墓地位于八公山下的合阜公路北侧。墓前立有一人多高的石碑，碑上"汉淮南王墓"为清同治八年（1869）安徽巡抚吴坤修所题。该墓园现为安徽省重点文物保护单位。

（一）

关于刘安的生平，《史记》和《汉书》均有记载。据《汉书·淮南衡山济北王传》载："淮南王安为人好书、鼓琴，不喜弋猎狗马驰骋，亦欲以行阴德拊循百姓，流名誉。招致宾客方术之士数千人，作为《内书》二十一篇，《外书》甚众。又有《中篇》八卷，言神仙黄白之术，亦二十余万言。时武帝方好艺文，以安属为诸父，辩博善为文辞，甚尊重之。每为报书及赐，常召司马相如等视草乃遣。初，安入朝，献所作《内篇》新出，上爱秘之。"

据此可知，刘安好文不喜武，爱护民众，乐于结交方士文人，热衷著书立说。其中提到的《内书》《内篇》，即流传至今的《淮南子》。

《淮南子》又名《淮南鸿烈》《刘安子》。其本名"鸿烈"，"鸿"是广大的意思，"烈"是光明的意思，刘安认为此书如同

"道"一样包括了广大而光明的通理。该书"牢笼天地，博及古今"（《史通·自叙》），取材宏大，驳杂丰富，可谓雄奇精深。

关于此书是刘安本人所作还是集体创作，学术界存有争议。但是，多数学者都认为，刘安在此书的撰写中发挥着重要的主导作用。毋庸置疑，编写《淮南子》（见图4-2）是刘安人生的一大亮点。

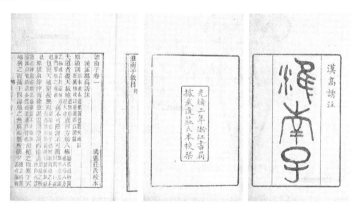

图4-2 《淮南子》

对于《淮南子》的性质和价值，学术研究者在认识上存在较大差异，各方评价不一。有人认为这是一部无所不包、精心构建的巨著，有人将该书划归集道家的大成之作，也有人视其为资料的堆积。

汉代初年，由于社会政治和文化环境较为宽松，诸子之学出现短暂复兴的现象，各种思想相互吸收、彼此交融，呈现出明显的杂家化倾向。有专家认为，正是在这样特定的历史背景下，《淮南子》广泛吸收众家思想，融合而为一家之言，成为杂家的代表作。此说具有一定的代表性。

在现代人的观念中，"杂"字容易引生歧义和误解。其实，"杂家"之"杂"是集合、聚集之意，并非杂乱无章、不伦不类。

按古籍"经史子集"四大部进行分类，《淮南子》属于"子部"。《四库全书总目》子部杂家小序云："杂之义广，无所不包，班固所谓合儒、墨，兼名、法也。"《汉书·艺文志》的说法也与之基本相同。

由此可见，杂家是与诸子并列、自成一家的学术流派，兼收并蓄、极具包容性是杂家的典型特征。

美国学者安乐哲在《主术——中国古代政治艺术之研究》中认为，《淮南子》的"独创性和深度恰恰在于，它能够超越思想派别之纷争，融合各派思想之精义，而创造出一个新的哲学理论体系"。

《淮南子》以"观天地之象，通古今之事"为著书宗旨，被誉为"千古奇书"。

《淮南子》中有些内容可谓家喻户晓。比如关于二十四节气的完整记载，"羿射九日""嫦娥奔月""女娲补天"等神话故事，"塞翁失马""鹊巢扶枝""邹人卖母"等寓言故事。至于出自该书的成语，如发号施令、令行禁止、移风易俗、路不拾遗、兔死狗烹、一叶知秋等，更是难以枚举。

据2009年淮南市地方志办公室编的《淮南概览》记载，在《汉语成语词典》和《古今汉语成语词典》中，源自《淮南子》的成语"初略统计122条"。在从古至今浩瀚的词语海洋中占有如此席位，可见《淮南子》确实非同凡响。作为一部学术论著，《淮南子》的文学成就也引起了广泛关注。

刘安编写《淮南子》，不仅仅为了展示其学识的丰富和文学的才华，而是为了提供一种治国方略。

《主术》是《淮南子》中论述与劝谕国君如何统治天下、如何治国理政的重要篇章，全面论述了君主的治国之"道"。在此篇中，刘安推崇"无为而治"，认为"人主之术，处无为之事，而行不言之教。清静而不动，一度而不摇，因循而任下，责成而不劳"（《淮南子·主术训》），主张"君臣异道"，即"君行无为之道、臣行有为之道"，以最大限度发挥百官的智慧。

《淮南子》大谈其"道"。其开篇《原道训》云："夫道者，覆天载地，廓四方，柝八极，高不可际，深不可测，包裹天地，禀授无形。"

实际上，《淮南子》里的"道"并非全都属于虚无缥缈的抽象的东西，有专家指出，"道""一方面指治国之术，另一方面指自然和社会事物的具体规律"。

刘安对于此书信心十足，颇为自负，甚至有些自我陶醉，认为其中"天地之理究矣，人间之事接矣，帝王之道备矣"。确实，《淮南子》的非凡成就和广泛影响值得刘安引以为豪。

（二）

作为中国思想史上一部影响较大的学术巨著，《淮南子》蕴含着丰富的法律思想，在继承先秦诸家法律观的同时，批判地吸纳其中的合理成分，形成了别具一格的法律主张。

《淮南子》中的《氾论训》云："故法制礼义者，治人之具也，而非所以为治也。故仁以为经，义以为纪，此万世不更者也。"其《本经训》曰："夫仁者所以救争也，义者所以救失也，礼者所以救淫也，乐者所以救忧也。"《览冥训》则认为治国需要"持以道德，辅以仁义"。这些论点高度肯定了礼义教化的作用，体现了对儒家相关法律观点的认同。

《原道训》认为："治在道，不在圣。"这种观点与儒家极力推崇的"贤人政治"思想有着本质的区别。但是，鉴于执法者个人素质对于法制实施效果的特殊影响，也强调贤良之人的重要作用，《泰族训》曰："三代之法不亡，而世不治者，无三代之智也。六律具存，而莫能听者，无师旷之耳也。故法虽在，必待圣而后法；律虽具，必待耳而后听。故国之所以存者，非以有法也，以有贤人也；其所以亡者，非以无法也，以无圣人也。"

《淮南子》也赞同法家的某些法律主张，认为："法者，天下之度量，而人主之准绳也。"（《主术训》）"刑杀无赦，虽有盛尊之亲，断以法度。"（《时则训》）

书中还指出："法定之后，中程者赏，缺绳者诛。尊贵者不轻其罚，而卑贱者不重其刑。犯法者虽贤必诛，中度者虽不肖必无罪，是故公道通而私道塞矣。"（《主术训》）

这段话的意思是，法律制定以后，凡是遵守法律的人就能得到奖赏，反之，触犯法律的人就会受到处罚；身份尊贵的人触犯法律不会减轻处罚，身份卑贱的人触犯法律不会加重处罚。言下之意，凡是触犯法律的人，无论尊卑贵贱，都要依法量刑定罪并进行处罚。

但是，对于法家过度依赖刑罚的做法，《淮南子》明确表示反对。《泰族训》有云："治国，太上养化，其次正法。"意思是，治理国家最高明的方法是养成良好的社会风气，其次才是严明法制。同时指出："治之所以为本者，仁义也；所以为末者，法度也。"认为与法律制度相比，仁爱礼义更为重要。

书中还强调了法制的有限性，《主术训》曰："刑罚不足以移风，杀戮不足以禁奸，唯神化为贵，至精为神。"认为单纯靠刑罚不足以移风易俗，单纯靠杀戮也不足以禁奸止邪，唯有精神上的教化最为可贵，达到精深之境就会产生神奇的成效。

虽然看上去有些中庸的意味，但是《淮南子》明显偏重道家。"以道统法"是其中居于统领地位的法律观，体现了刘安对道家学说的尊崇。

《泰族训》指出："故有道以统之，法虽少，足以化矣；无道以行之，法虽众，足以乱矣。"意思是说，如果用"道"来统摄法律，法律条文虽然很少，却足以教化百姓。如果没有"道"的制约，即使法律条文繁多，社会也会陷入动乱。

只是，与先秦道家人物反对人为的"制定法"不同，《淮南子》在很大程度上强调了礼教和法制不可忽视的重要作用，弱化了道家思想中消极因素的影响。

对于诸家之说，《淮南子》不是照搬照套，而是有融会，有萃取，有提炼。著述者深知各家主张的利弊得失，认为"恩推则懦，懦则不威；严推则猛，猛则不和；爱推则纵，纵则不令；刑推则虐，虐则无亲"。于是，对"道"的认知又进了一步："故圣人之道，宽而栗，严而温，柔而直，猛而仁，太刚则折，太柔则卷，圣人正在刚柔之间，乃得道之本。积阴则沉，积阳则飞，阴阳相接，乃能成和。"（《汜论训》）

稍加梳理，即可发现，《淮南子》的法律思想有其独树一帜之处。比如，与法家的"不贵义而贵法"相比，书中把法律的客观性、公正性和"义"结合了起来，提出了"法生于义，义生于众适，众适合于人心，此治之要也"（《主术训》）的论断。

此外，书中把传统的法律思想与民本思想融为一体，认为"法也，因民之所好而为之节文者也"（《泰族训》），强调

"治国有常，利民为本"（《氾论训》）。

更为突出的是，《淮南子》提出了"以法禁君"的重要命题，指出："法籍礼仪者，所以禁君，使无擅断也。"同时要求君主做到"喜不以赏赐，怒不以罪诛"（《主术训》），明确反对君主独断专行，认为君主也应该受法律约束。

在君主专制的时代，这种思想无疑是大胆的、叛逆的，也是积极的、进步的，而且与现代法治社会"法律至上"的核心观念如出一辙，并且与现代社会所推崇的政治民主化的追求比较接近，具有可贵的超前意义。

不过，《淮南子》并不反对甚至赞成法、术、势三位一体的法家理论。《主术训》云："故法律度量者，人主之所以执下，释之而不用，是犹无辔衔而驰也，群臣百姓反弄其上。是故有术则制人，无术则制于人。"又曰："是故权势者，人主之车舆也；大臣者，人主之驷马也。"

这种任由君主独揽司法大权的观点，意味着君主实际上超越法律之上。当然，在传统的专制社会中，法律更多地依附于政治。对于君主，法律无法形成有效的制约。因此，"以法禁君"的主张看似美好，实际执行中却因此大打折扣甚至完全落空。

古代社会中，某些统治者虽然口头上带头守法，表面上率先垂范，事实上却大搞特权，惯于玩弄变通手法。所谓"君臣上下贵贱皆从法"，以及"王子犯法与庶民同罪"，只是一种空头理论和无法实现的幻想。

那些权贵人物真正触犯了法令，或者"割发代首"，或者"太子犯法、师傅受罚"，或者只是"打龙袍"，装模作样，意思一下。如此稍微有点表示，已是难能可贵，即使是"圣主明君"也不过如此。更多的则是以言代法的耍威风，是权大于法的任性胡为。

作为杂家学说，因为兼容诸家，往往无法达到浑然天成的一体性，《淮南子》亦不例外。

这部巨著批判地继承了先秦各个学派的法律思想，但就整个体系而言，有些方面不难看出"拼接"的痕迹，有的部分甚至出现相互"脱节"的现象，显得不够严谨，也不够成熟。具体表现在，某些观点前后矛盾，有的主张脱离实际，可操作性不强等。

尽管如此，瑕不掩瑜，《淮南子》的思想性，尤其是法律思想已经达到了前所未有的高度。

（三）

在刘安的一生中，除了主持编写《淮南子》，另外一件具有重大影响的历史事件当属其谋反案，即所谓的"淮南狱"。

西汉时期，朝廷对地方管理采取的是郡国制，即郡县和封国并存。当时设置的所谓"藩国"，用意在于将其作为"藩篱"

防范外敌，只是施行的结果事与愿违，诸侯国反而成为内乱之源。

为了巩固和加强中央集权，在清除异姓王之后，西汉朝廷采纳"众建诸侯而少其力"的建议，通过实施"削藩""推恩"等一系列举措削弱刘姓宗室诸侯王国的势力。

随着中央专制政权与地方割据势力之间矛盾的加剧，同室操戈、骨肉相残的闹剧接连上演。

汉文帝三年（前177），济北王刘兴居起兵叛乱，首开同姓王诸侯国武装反抗汉朝中央政权的先例。汉景帝三年（前154），以吴王刘濞为中心的七个刘姓宗室诸侯由于不满权力被削减，兴兵引起内乱。这次叛乱在历史上被称之为"七王之乱"，也称"七国之乱"。

淮南之地，接连发生谋反。前196年，英布叛乱；前174年，刘长叛乱；前122年，刘安叛乱。

刘安谋反，史书有记。但是，史学界始终存有质疑和争议。有人觉得刘安罪有应得，有人认为这是一起冤案。

客观地说，刘安无论有无"谋反"之意，实际上并无"谋反"之力。这里的"力"，一是指个人能力。刘安偏好学术文艺，《淮南子》虽然谈及兵略，不过是纸上谈兵。二是指军事实力。随着"削藩"政策的实施和推进，当时的诸侯王势力不比从前，已经明显减弱。刘安缺乏兵马，不拥有发动和实施"谋反"的兵力。

有人把刘安称作"历史转折时期的悲剧人物"。当时的形势和大环境固然是导致刘安身陷绝境的重要客观原因，但是，刘安本人的言行不检却是祸患临头的决定性因素。

从比较明晰的史实可以看出，对于刘安来说，引发"淮南狱"的主观原因：一是非议朝政遭疑，二是属下失管惹祸。

刘安不仅是一个门客众多、颇有影响的"公知"型学者，更关键的，他还是地方诸侯、皇族成员（见图4-3）。其作为淮南王的政治身份，决定了他不可以也不应该妄议治国方略。

图4-3　刘安与八公雕塑

毕竟，对于一个"高级干部"来说，重中之重就是"讲政治"。否则，不仅影响其"政治前途"，还会关系到性命安危。何况，刘安又是"叛王"刘长之子，与帝王政见不和的言论极易遭受图谋不轨的猜忌。

刘安极力推崇先王时期的原始民主观念，热衷于相对平等的君臣关系，言之凿凿，褒贬森严，"字中皆挟风霜"。

可是，从中不难发现，其真实用意无非是论证诸侯国统治地方的合理性，从理论上反对朝廷削弱诸侯王国的意图，否定君主专制中央集权，表达出刘安与朝廷主张的根本分歧。

显而易见，《淮南子》中某些观点直指皇权专制独裁的是是非非，涉及的话题极为敏感，其政治主张和法律思想已经触碰到当时的"政策红线"。

可以设想，有着宏大抱负、极具主见的年轻皇帝刘彻，对于如此直抒己见、指手画脚的皇叔，势必会产生强烈的反感。大一统背景下，刘安的言论成为朝廷难以容忍的"异说"和"杂音"。

密告刘安者，也都存有个人怨恨。其中，雷被是"八公"之一，在剑术比试中失手击中太子刘迁，因担心受到迫害，故而上京告状。刘建是刘安的孙子，因父亲刘不害是庶出，为谋取私利蓄意陷害刘迁，以致牵连到刘安。

史料称：汉武帝"使仲舒弟子吕步舒持斧钺治淮南狱，以《春秋》谊颛断于外，不请。既还奏事，上皆是之"（《汉书·五行志上》）。汉武帝派遣董仲舒的弟子吕步舒办理淮南狱，命其根据《春秋》大义自行断案，无须奏请朝廷。结案之后回朝报告，得到汉武帝的认可。

公孙弘、张汤等酷吏也参与了淮南狱的审理。如此大案，竟然可以由审理人员"颛断"，足以见得汉武帝对他们的高度信任。

依照董仲舒的"春秋决狱"方法，可以引用儒家经义判决案件。这种援引以往的判例及其所体现的某些原则来审理现行案件的方法，固然有其合理的一面，但由于其过于灵活，存在因迎合政治需要被人为地进行"选择性"利用的现象。

若是强调犯罪动机，进行"有罪推定"，即使是"谋"而不"反"，也不难在相关经义中找到依据，并据此将持不同政见者认定为"谋反"者。

于是，按照这种带有传统特色的"判例法"，事态发展至此，刘安"谋反形已定"。而相关的人证、物证，似乎又坐实了其"谋反"的罪名。

没有武装叛乱的兵刃相接，也没有鱼死网破的拼命搏斗，元狩元年（前122），面对不可赦免之罪，刘安有口难辩，被逼无奈，在寿春宫自杀而亡。

《汉书·淮南衡山济北王传》载："所连引与淮南王谋反列侯、二千石、豪杰数千人，皆以罪轻重受诛。"《汉书·武帝纪》则云："淮南王安、衡山王赐谋反，诛。党与死者数万人。"这场"谋反案"中，命丧黄泉者成千上万。

（四）

作为理论研究者，刘安堪称杰出的法律思想家，其一系列"法治"主张具有较高的学术价值。但是，作为官场人物，刘安是一个失败的政治家，结局非常悲惨。

淮南王刘安终究不是一名普通的学者，他所处的时代，并不崇尚百家争鸣，也不倡导"言论自由"，那是一个推崇专制独裁的世道。

子曰："可与言而不与之言，失人；不可与言而与之言，失言。知者不失人，亦不失言。"（《论语·卫灵公》）刘安兴冲冲地把自己的大作献给汉武帝，还夸夸其谈，如此"失言"之误，实非智者所为。

不能审时度势，热衷于高谈阔论，加上授人以柄，折射出的，是一个书生意气浓厚、政治上很不成熟的诸侯王的形象。其实，这样的人是注定掀不起多大风浪的。

在漫长的人类历史上，政治现象与法律现象紧密联系。二者既互相依存，又互相制约；既有冲突，又有融合。不同的历史背景下，会产生不同的法律与政治关系格局。

张文显在其主编的《法理学》中指出："法作为国家意志的体现，无疑与政治有紧密的联系，一方面法受政治的影响与制约；另一方面它又确认和调整政治关系，直接影响与促进政治。"

也有观点比较直接，如卓泽渊在《法政治学》中认为："法与政治是不同的社会现象，政治是法律的基础，法律是政治的规则，法在国内法与国际法方面具有与政治一体化的倾向。"

不难推断，当刘安的法律思想和为政之道在理论上对当时的政治制度发起质疑，并提出"以法禁君"、触犯到帝王权威的时候，可能在朝廷看来，事件的性质已经发生了根本变化。于是，学术思想方面的分歧进而演变成一场政治上的纷争与对立。

涉及政治斗争，"道"之不同，岂能相谋？对于威胁到权位稳定的逆反言论，以及虎视眈眈的"在野党"势力，包括那些疑似图谋不轨的皇室成员，当权者是不会坐视不管的，稍有苗头，势必大开杀戒，斩草除根。因此，"淮南狱"的产生，具有历史必然性。

在当时的主客观条件下，放弃专制、丢失集权，意味着君主管控能力的削弱，进而导致社会秩序的混乱。

若是内乱爆发，燃起战火，必然民不聊生，满目疮痍。为了保住皇位，也为了治国安邦，必须铁腕无情，不惜诛杀同门宗亲。汉武帝打击叔父刘安，从统治者的角度来看，兴许属于"大义灭亲"吧。

实际上，类似的同室操戈、亲人相残的悲剧性事件，不仅反映了权力斗争的残酷无情，更暴露出封建专制统治制度的野蛮和黑暗。

不敢抒发己见是个人的耻辱，不能容忍异论却是一个时代的悲哀。在一个唯我独尊的皇权专制社会里，我们不能奢望其民主和自由的程度能达到现代文明社会的水准。在专制高压的特定政治环境中，对于有些人来说，"莫谈国事"可能是远离是非、明哲保身的最好选择。

"顺我者昌，逆我者亡。"封建专制强权不仅无情打击觊觎皇权的反叛者，而且加大对思想言论的钳制。

汉武帝时期，百家被罢黜，儒术受专宠。从这个视角来看，"淮南狱"与其说是一次对叛乱行为的镇压，不如说是一场思想交锋，是一次文化清剿行动。

其实，正如皮锡瑞在《经学历史》中所言："武帝、宣帝皆好刑名，不专重儒。"所谓"阴结宾客，拊循百姓，为叛逆事"的违法罪名，更像是一个清除异己的"莫须有"借口。

在那种君王就是法的年代，"淮南狱"的形成，根本原因是封建专制存在的固有弊端，也与汉武帝多疑的个性密切关联。

汉武帝刘彻疑心之重，超乎寻常。与刘安同时期的河间王刘德"经术通明，积德累行，天下雄俊众儒皆归之"，德行与学问兼盛且声著朝野，身后谥"献"，意为"聪明睿智"，《汉书·河间献王传》称之"修学好古，实事求是"。可是，即使是这样的"汉朝宗室之英杰、诸侯藩王之楷模"，却因名气太大遭到汉武帝的猜忌。

历史上，商汤王通过施行"仁政"，实力不断壮大，终于夺取了夏朝江山。周文王也同样如此，后来取代了商朝。汉武帝刘彻以刘德比之二人，一句"汤以七十里，文王百里，王其勉之"暗藏玄机，明为谈其声誉及影响，实为旁敲侧击，怀疑并嘲讽其有"政治野心"。此言让皇兄刘德寝食难安，"归即纵酒听乐"，最后忧愤而死。

其实，帝王这种疑神疑鬼、除之后快的猜忌心理以及随心所欲、咄咄逼人的压制言行，往往是激化矛盾、激发对抗情绪的主要诱因。那些"藩王"的所谓"谋反"，有些即属于被逼无奈，是朝廷强烈打压与极力排挤所造成的。故而，谈及史上此类悲剧的由来，人们称之为"只恨生在帝王家"。

汉武帝时期，还创设了腹诽罪。大农令颜异居于九卿之位，廉明正直。因为对朝廷制作"白鹿皮币"持有异议，引起汉武帝不悦。酷吏张汤与之有过节，借有人告发为由，称颜异"不入言而腹诽，论死"，得到汉武帝准许。自此之后，"公卿大夫多谄谀取容矣"（《史记·平准书》）。因被怀疑心中诽谤非难朝廷政事而丢命，可谓"欲加之罪，何患无辞"。

回顾那段历史，更大的可能是，刘安其志只在学术的研究，意在以其研究成果为汉武帝献计献策，主观上并无"谋反"之意。

当然，刘安的学术观点并非完全正确，也未必适应朝廷的实际需要，甚至掺杂了某些个人因素。不过，"在其位，谋其政"，刘安的某些主张站在诸侯王的立场上，是不难理解的。况且，限于理论研讨和个人建议，只是一家之言，似乎并无大碍。

即使是属于误入"禁区"的不当言论，朝廷完全可以进行教育警示。实际上，只需诚勉训斥一番，足以让这类人提心吊胆、不敢再犯了，何必硬要"上纲上线"，以"法律"的名义进行无情打击和残酷镇压呢？

汉武帝刘彻的猜忌憎恨以及过激反应，不仅摧毁了一个诸侯国，更是对知识分子与学术发展产生了莫大的窒息作用，"淮南狱"也因此成为历史上扼杀言论自由的典型案例。

封建统治者总是习惯于专制独裁，热衷于大搞"一言堂"。于是，强权之下，整个社会长时期陷入"万马齐喑"的可悲局面。

汉武帝看上去颇具雄才大略，但终究缺乏海纳百川的博大襟怀和包容异己的恢宏气度，直接制造了"淮南狱"，暴露出刘彻小肚鸡肠的狭隘心胸及冷酷无情的残暴特性。在思想文化领域如此严防死守，是刘彻缺乏政治自信的突出反映。

这场没有悬念的较量，以刘安一方付出惨重代价而宣告结束。"淮南狱"究竟是否属于冤案，历来存有争议，一直无法定论。留下的，只是一个疑案，一段历史，以及一声悠长的叹息。

五、铁面无私包青天

皇权至上的时代，把官本位推向了极致，以致唯唯诺诺、逢迎谄媚者比比皆是，敢于犯上、为民做主者少之又少。毕竟，后者风险较大，稍不留神，轻则受罚丢官，重则入牢丢命。尤其是主持公平正义者，势必与黑恶势力为敌，如果没有刚正不阿、无所畏惧的气魄和胆识，是无法坚持下去的。

与刻意表现"忠君"意图相比，切实践行"爱民"之举往往更为艰难，也更为可贵。如何处理好二者之间的关系，不仅关乎官员的能力和智慧，更关乎其良知、襟怀和胆识。

可能正因如此，历史上，有着爱民情怀的清官才显得更加突出，更加光彩照人。

清官的观念，究其实质，是"人治"思想的重要组成部分。但是，清官本身并不排斥"法治"，相反，他们是法律制度忠诚的执行者和捍卫者，更是对于"善治"坚持不懈的追求者。

图5-1　包拯像

在我国古代"清官"中，若论知名度，包拯（见图5-1）当数第一名。作为历史上最具代表性的司法官员，包青天的形象深入人心。

包拯（999—1062），字希仁，庐州（今合肥）人，北宋天圣五年（1027）登进士第，累擢天章阁待制、龙图阁直学士，权三司使。

包拯为官清正，铁面无私，执法严明，敢于为民请命，人称"包公""包青天""包龙图"。

（一）"文艺"的包公

包公，是人们对包拯的尊称。黑面长髯，额有弯月，身穿蟒袍，头戴乌纱，是包公极具特色的艺术造型。

其实，这种面目有些凶狠，令人畏惧。老百姓认为"包黑子"可亲可爱，是因为包公一心为民。这样的形象设计，应该是让贪官污吏们感到害怕吧。

正如合肥包公祠中一副楹联所云："理冤狱，关节不通，自是阎罗气象；赈灾黎，慈善无量，依然菩萨心肠。"

在文艺作品中，包公不仅是一个清官，还是具有传奇色彩的"司法之神"。

人们所熟知的包公形象，有来自于舞台上传统戏剧《铡美案》《乌盆记》（见图5-2），有来自于侠义公案小说《三侠五义》《包公案》，有来自于影视作品《包青天》等。

图5-2　戏剧中的包公

元杂剧《包待制智赚生金阁》中，戏词称包公："你本上天一座杀人星，除了日间剖断阳间事，到得晚间还要断阴灵。"

明代小说《百家公案》中，包公的形象也极具神话色彩。其中的包公，能够看出鬼怪的"妖气"，拥有"照魔镜""斩魔剑""赴阴床""温凉还魂枕"之类的镇邪宝物。

类似的神怪类故事中，包拯还能够请求城隍、太白金星、玉帝协助灭妖。此外，包公的神奇故事，还出现在诸多民间传说中。

在古代，受天命论的影响，人们比较迷信。一些传说故事中，杰出人物出生时往往与众不同，带有神话色彩。

有关包拯出生时的传闻甚多。有传说称，包拯降生时全身漆黑，不叫不哭，被家人视为不祥之物，遗弃于荷塘，幸亏得到嫂子救养。有的说包拯出生前后，凤凰降临在他家附近的柴山，与之相伴多年，于是人们把柴山改名为凤凰山。还有的传说更加神奇，说包公出生的当晚，电闪雷鸣，风雨大作，山摇地动，吓瘫了许多贪官污吏。第二天上朝时，官员因此少了一多半。

在皇权专制的时代，人们对"造神"活动乐此不疲。帝王热衷于自我神化，以体现"君权神授"，力图让百姓敬畏有加。民间习惯于塑造神像，则是祈求神灵佑护，以寻求精神寄托。实际上，这种现象表现出的，是当时老百姓对现实生活的无可奈何，以及对理想社会的向往和期盼。

此外，与包公有关的传说，还有包河中生长的寓意为"无私"的"无丝藕"（"丝"与"私"谐音），包公祠里的"廉泉"水贪官喝了头痛闹肚子等。

当然，这些故事均为包公的崇拜者所为，有的属于牵强附会，有的则是子虚乌有。

比如，史籍记载里，包拯并无兄长。既然没有哥哥，何来嫂子呢？不过，包拯的小儿子包绶是由嫂子抚养大的。包拯长子包繶婚后不久病故，其妻崔氏守寡不嫁。包绶敬嫂如母，称之为嫂娘。后人言称此事发生在包拯身上，实属误传。

诸多包公戏里，有着龙头、虎头、狗头造型的三口大铡刀格外引人注目。包公的一声"开铡"，解气解恨，大快人心。在合肥包公祠（见图5-3）和河南开封府景点中，均陈列着三口御铡，仿佛是确有其事。

图5-3　合肥包公祠一角

据《三侠五义》称，宋仁宗赐给包公三道御札（即手诏），命其赴陈州查处赈灾银两被私吞之案。为了震慑贪官，包公巧妙地借"御札"的谐音打造了三口"御铡"，得到宋仁宗认可。有了"御铡"，包公如虎添翼，可以先斩后奏，随时为民除害。

这类故事因为迎合了民众口味，流传甚广。但是，此事确属虚构。所谓"御铡"只是一种"道具"，并非当时真实的刑具。

白天审阳，夜晚断阴。斩妖除魔，起死回生。惩治贪恶，洗刷奇冤。总之，在这些文学作品中，无论何时何处，只要包大人一出手，任何疑难案件都能水落石出，任何不平之事都会迎刃而解。

然而，真实的包拯，是人不是神。他不可能是出入阴曹地府的"活阎罗"，也没有侦破过"狸猫换太子"之类的奇案，更没有用大铡刀处斩过国舅、驸马等皇亲国戚。

而且，包拯的相貌"清隽古雅，殊无异于人"（《包公书院记》），并非脸庞乌黑。戏剧中的"包黑子"脸谱，应该是对"铁面"包公最直观的诠释吧。

演义、戏说以及传闻中的包公故事，实际上反映出广大民众对于司法公正的期待和渴望，对封建社会贪赃枉法、徇私舞弊、官官相护等黑暗现象的不满和无奈。不畏权贵、敢于为民申冤的包公被奉为神明，表现出平民百姓对清官的崇敬和呼唤。

在2021年国务院公布的第五批国家级非物质文化遗产代表性项目名录中，安徽省合肥市申报的"包公故事"赫然在列。

（二）真实的包拯

诸多文艺作品中，包拯的故事带有虚构的成分，这种现象并非空穴来风。因为，作为真实的历史人物，包拯的所作所为确实无愧于"青天"之誉，其生平事迹史籍中有记。

包拯情系民众，忠心为国，具有卓识远见。他力主以民为本，关心民间疾苦。在《包公奏议》中，他强调"民者，国之本也""大本不固，则国家从何而安哉？""果为国，岂不以爱民为心哉！"认为百姓是国家之本，要实现国家的长治久安，必须关爱民众，维护好百姓的利益。

北宋时期，连年遭受灾荒。包拯多次上疏，呼吁赈灾救民。在《包公奏议》中，他请求薄税赋、宽徭役、救饥馑、保民田的奏疏，计有50多则。

古时规定，百姓不能直接到官署庭下告状。包拯在开封府任职时，针对"门难进、脸难看、事难办"的陋习，废除陈规，打开府衙正门，亲自接纳状纸，直接倾听和处理案情，避免了"小鬼难缠"，即府吏刁难民众的现象。

从包拯的仕途履历来看，除了短暂任职于州县外，多累迁于中枢各衙。无论担任什么官职，他一直兢兢业业、忠于职守，尤其在参政理财、治理边防、受命出使契丹等事项上表现不凡。

包拯重视法制，反对苛虐。他主张"以法律提衡天下"，认为："法令者，人主之大柄，而国家治乱安危之所系焉，不可不慎。""法令既行，纪律自正，则无不治之国，无不化之民。"（《包公奏议·上殿札子》）要求建立健全法制，维护法律的权威性、严肃性和稳定性。制定和修改法律必须慎重行事，不能朝令夕改，轻率随意。

受到德治仁政思想的影响，包拯反对使用苛虐之人充任司法官员，推崇宽政简刑。他在《请不用苛虐之人充监司》的奏折中写道："治平之世，明盛之君，必务德泽，罕用刑法。"应当"上体天道，下为民极，故不宜过用重典，以伤德化"。

包拯不畏权贵，嫉恶如仇。在《乞不用赃吏》中，包拯认为："廉者，民之表也；贪者，民之贼也。"对"虽有重律，仅同空文，贪猥之徒，殊无畏惮"的现象感到不安和愤慨，主张"今后应臣僚犯赃犯罪，不从轻贷，并依条施行，纵遇大赦，更不录用"。

《宋史·包拯传》记载："中官势族筑园榭，侵惠民河，以故河塞不通，适京师大水，拯乃悉毁去。或持地券自言有伪增步数者，皆审验劾奏之。"

京城之地，皇亲国戚、达官贵人聚居，各种关系盘根错节。一些宦官及权贵家族在惠民河边建造亭榭庐舍，侵占河道，导致洪水泛滥。包拯顶住压力，将这些"违章建筑"全部拆除，恢复了河道原貌。

宋仁宗因宠爱张贵妃，将其伯父、有"国丈"之称的张尧佐破格提拔，屡屡委以重任。包拯不顾皇帝情面，上疏斥责张尧佐"无功受禄，不知羞耻"，"真清朝之秽污，白昼之魑魅也"（《上仁宗论张尧佐除四使不当》），迫使宋仁宗决定"今后妃之家，不得任二府职事"。他还七次弹劾贪官王逵、两次弹劾宰相宋庠，并先后弹劾皇亲郭承佑、宦官阎士良、转运按察使张可久等人。

因为据理谏诤，对身居高位的"大老虎"穷追猛打，包拯也因此被人称为"包弹（弹劾之意）"，"贵戚宦官为之敛手，闻者皆惮之"。

包拯一身正气，清廉无私。他写有一首非常著名的明志诗："清心为治本，直道是身谋。秀干终成栋，精钢不作钩。仓充鼠雀喜，草尽兔狐愁。史册有遗训，毋贻来者羞。"（《书端州郡斋壁》）公开申明自己的为人和做官准则，并一直践行诺言，廉洁自守。

康定元年（1040），包拯出任端州（今广东肇庆）知州。端州砚台极为名贵，被选作贡品。此前，当地官员往往以进贡为由超额采制，用于贿赂权贵谋取私利。但是，包拯严格按照朝廷定额征收端砚。任满离开时，"不持一砚归"。

包拯待人接物严谨缜密，"拯性不苟合，未尝伪色辞以悦人，平生无私书，至于干请，无故人亲党，一皆绝之"。为了避免有人找他"走后门"，包拯甚至与同僚亲朋断绝了必要的人情往来。

因为德高望重，时任御史中丞的包拯与宰相福弼、翰林学士欧阳修、太常博士胡瑗被誉为"嘉祐四真"，作为最出色的能臣干吏，受到朝野拥戴。时人称"富公真宰相，欧阳永叔真翰林学士，包老真中丞，胡公真先生"（洪迈《容斋随笔》）。嘉祐，是宋仁宗赵祯的年号。

《宋史·包拯传》有记："人以包拯笑比黄河清，童稚妇女，亦知其名，呼曰：'包待制'。京师为之语曰：'关节不到，有阎罗包老。'"据此可知，包拯在世时，已经声名远扬，有口皆碑。

（三）一代清官

《尚书》云："民惟邦本，本固邦宁。"历数治乱兴衰、王朝更迭，得民心者得天下，失民心者失天下。

然而，皇权至上的时代，把官本位推向了极致，以致唯唯诺诺、逢迎谄媚者比比皆是，敢于犯上、为民做主者少之又少。毕竟，后者风险较大，稍不留神，轻则受罚丢官，重则入牢丢命。尤其是主持公平正义者，势必与黑恶势力为敌，如果没有刚正不阿、无所畏惧的气魄和胆识，是无法坚持下去的。

与刻意表现"忠君"意图相比，切实践行"爱民"之举往往更为艰难，也更为可贵。如何处理好二者之间的关系，不仅关乎官员的能力和智慧，更关乎其良知、襟怀和胆识。

可能正因如此，历史上，有着爱民情怀的清官才显得更加突出，更加光彩照人。其实，从根本上看，坚持对下负责，往往是最好的对上负责。

清官的观念，究其实质，是"人治"思想的重要组成部分。但是，清官本身并不排斥"法治"，相反，他们是法律制度忠诚的执行者和捍卫者，更是对于"善治"坚持不懈的追求者。

　　清官的可贵之处，是在社会风气败坏造成有法不依、徇私枉法等现象见怪不怪的情况下，不为所动，迎难而上，坚持奉公守法，敢于伸张正义，为此不惜丢官，不怕坐牢，甚至以身殉法。

　　现代法治思想反对"人治"模式，反对"有治人，无治法"的独裁专制统治。其实质是针对滥用权力、个人说了算、目无法律制度等现象，强调法律制度对于统治者及其权力的制约作用。但是，法治，尤其是实现善治，同样离不开有德的贤人、有才干的能人。从这种视角看，清官行为也是当代社会所倡导的。

　　不容忽视的是，在封建体制中，作为"贤臣"，通常离不开"明君"的信任和支持。"包青天"英名的成全，与宋仁宗赵祯的开明以及当时宽松的政治氛围密切相关。

　　封建专制体制下，在"法"与"令"冲突的背后，实质上是法律与皇权的对峙。"法治"要求监督和制约权力，而皇权却至高无上、唯我独尊。如此境况中，一些帝王刚愎自用、肆无忌惮，专横独断、为所欲为，有的最终酿成悲剧。

　　有较为开明的帝王，不仅注重通过法律手段管控官员的权力，而且在皇权受到挑战时，能够体察民情民意，虚心纳谏，自觉接受法律对皇权的约束，把皇权限制在合理的范围之内，由此形成了风清气正、政通人和的局面。只是，历史上拥有如此襟怀者并不多见。

宋仁宗在位长达42年，其庆历与嘉祐两个时期颇受宋人称赞，并受到史家关注。

尤其是"嘉祐之治"期间（1056—1063），大批杰出人才登上政治舞台，经济发展，社会安定，政治清明。如果不是偏好于争胜斗强的厮杀、南征北战的拓展，更客观地看，将"嘉祐"这种时期称为"盛世"倒是恰如其分。

那个时代虽然也存在诸多问题，但是也取得了令人瞩目的成绩，如赵冬梅在《法度与人心——帝制时期人与制度的互动》中认为，11世纪中期，北宋曾经出现了帝制时期儒家政治所能取得的最好成绩。

历史上，独霸天下、威震四方者往往功名显赫，这样的帝王固然值得崇拜。但是，尽心营造良好的政治生态，着力为民众谋求和平安宁的氛围，这样的执政者同样值得敬重，也令人由衷地叹服。

就早期的法律思想所形成的影响而言，到了宋代，已经很难用儒法道中的某一学派来简单地进行归类，而是体现出一种诸家合流的共同作用的趋势。

《中庸》云："为政在人。"意在提倡贤人政治。嘉祐年间，贤才群集，这种局面与儒家的"人治"主张似乎非常契合。

《庄子·在宥》认为："无为而尊者，天道也；有为而累者，人道也；主者，天道也；臣者，人道也。"显然，宋仁宗主政的局面与道家所倡导的"君无为而臣有为"的想法也比较接近。

由于各自面临着特定的时局，对儒、法、道各方理念接受的程度也有所不同，因此，历代执政者往往对某些政治理念和理政主张取舍有别，体现出思想倾向和行为过程的差异性。总体看来，包拯所处的历史阶段，国家治理方略体现出"儒道兼用"的趋向。

于是，在被称为中国帝制时期"最好的时代"，产生了一个有史以来最有名望的"法官"，一个享誉千古的"清官"。包拯"任刚使直"，仁宗"乐闻直谏"，这样的君臣际遇实属难得，堪称美谈。

包拯不仅严于自律，还对子孙加强教育管束。他在《包公奏议》中写道："后世子孙仕宦，有犯赃滥者，不得放归本家；亡殁之后，不得葬于大茔之中。不从吾志，非吾子孙。"

在包拯的影响下，其做官的子孙包绶、包永年等都是清官廉吏，或"奉公守法，倬有盛誉"，或"廉勤自守，蔚有政声"，深受民众爱戴。

一直以来，作为官员的楷模，包拯备受各方推崇。但是，要造就和涌现大批的"包公"式官员，让偶发性成为必然性，让稀缺性成为普遍性，让随机性成为稳定性，仅仅依靠树立典范、舆论褒扬和个人自律是不够的，更重要的，是好的制度，是有效的监督，是严明的奖惩，是完善的治理体系。从中，我们也能体会到健全法律制度、推进法治建设的重要意义。

孝道在中国传统文化中地位很高。"子曰：夫孝，德之本也，教之所由生也。"（《孝经》）值得一提的是，包拯还是一个孝敬父母的楷模。

考中进士后，包拯要到外地任职，其父母因年高不愿离家随行。为了侍奉双亲，包拯毅然辞官回乡，直至父母离世守孝期满，十年之后才重新出仕。

在古代，忠臣孝子是文人士子所追求的人格典型。欧阳修在《论包拯除三司使上书》中评价包拯"少有孝行，闻于乡里，晚有直节，著在朝廷"，称赞其忠孝双全。包拯死后，朝廷赐其谥号为"孝肃"。

（四）任职江淮

包拯的一生中，有三分之二的时间是在江淮大地上度过的，安徽境内留存多处与之有关的遗迹。

合肥是包拯的出生之地，也是他读书成长、居家尽孝以及归葬之处。他还先后在和县、天长、合肥、池州等地为官（见图5-4）。

古代的地方官府，司法与行政合一，升堂办案是地方官的重要职责。景祐四年（1037），包拯赴任天长县令。其间，有"牛舌案"发生："有诉盗割牛舌者，拯使归屠其牛鬻之。既而又有告杀牛者。拯曰：'何为割某家牛舌而又告之。'盗者惊

服。"（《宋史全文续通鉴》）

罪犯没有偷牛，仅是割掉牛舌，不为谋财，应是报复。当时，私自宰杀耕牛属于犯法。包拯分析案情后，让牛主人杀牛，引诱割牛舌者前来告状，顺利将此案侦破。由此可见，包拯足智多谋，思维缜密，断案谨慎，公正严明。

皇祐五年（1053），包拯出任庐州知府。虽说乡官

图5-4　包拯手迹（池州齐山）

难做，但包拯在勤政为民的同时，不徇私情，执法如山。

据司马光《涑水记闻》："包希仁知庐州，即乡里也，亲旧多乘势扰官府。有从舅犯法，希仁戮之，自是亲旧皆屏息。"

母亲的堂兄弟触犯了法令，包拯依律惩处，百姓为之赞不绝口。因为此类事件，在合肥的民间歇后语中，有"包老爷断案——六亲不认"之说。

显然，审理类似案件，如果没有强有力的制度保证，仅仅依靠司法官员的道德自律，无法确保所有的审判结果都能公平公正。

按照现代法治相关规则，不仅需要关注诉讼裁判结局的公正性——实体正义，还要注重法律程序和司法裁判过程的正当性——程序正义。法官回避、提级管辖、异地审理等制度的建立和施行，目的就是有效排除案件查处中的各种干扰和阻力，维护审判的独立性和公正性。

古代，尚未建立严格的法官回避制度。在传统的人情社会中，作为与案件当事人有牵连的包拯，难免受到亲友说情等方面的影响。但是，包拯顶住压力，秉公断案，大义灭亲，实属难能可贵。

明万历四十年（1582）刻本《池州府志》记载：包拯"至和二年，坐失保任事，由刑部郎中左授兵部员外郎知池州。辨浮江尸，与瘗僧冤，时称神明。为治严而不刻，缩靡费以利民。池人至今祀之"。

其时，包拯因举荐官员不当受到连累，被贬池州。但他不为仕途挫折困扰，尽心处理疑案和承办惠民之事，受到民众爱戴。

相传，宋仁宗念及包拯劳苦功高、生活清贫，有意将庐州城赏赐给他。包拯坚辞不受，最后只接受了一段河道，留下了"不要庐州府一砖，只取护城河一段"的千古佳话，后人把这段河道称为"包河"。

如今，位于包河一带的包公文化园已经成为全国廉政教育基地。显然，这里也是一处法治教育基地。

六、《鞭打芦花》谈孝道

　　《鞭打芦花》这一故事，反映的是继子与后母的关系。闵子骞对后母薄待的宽恕，使得趋于恶化的家庭关系回到了和睦融洽的氛围中。故事从正面的角度，赞颂了闵子骞尊老、敬老和爱老的美德，不仅有着深远的历史影响，而且有着重要的现实意义。

　　实际上，孝道既关系道德层面，也涉及法律层面。作为中国传统文化的核心，孝文化的内涵被历代统治者纳入法律规范，用以维持社会秩序，实现政治统治。而且，从"孝"到"养老"，也成为现代社会不可忽视的法律问题。

（一）

闵氏有贤郎，何曾怨后娘。

车前留母在，三子免风霜。

这是一首颂扬孝子闵子骞的诗作，说的是广为流传的《单衣顺母》（也称《芦衣顺母》）（见图6-1）故事。这个以孝亲为主题的传说，一直被传为佳话。

此事被收录在元代郭居敬编录的《全相二十四孝诗选集》（通常称为《二十四孝》）中。因《二十四孝》后来的印本大多配以图画，故又称《二十四孝图》。

图6-1　民国年间的《芦衣顺母》画

闵子骞的故事早有流传。《韩诗外传》是西汉初年记述前代史实、传闻的著作，据其所载："子骞早丧母，父娶后妻，生二子。疾恶子骞，以芦花衣之。父察知之，欲逐后母。子骞启曰：'母在一子寒，母去三子单。'父善之而止，母悔改之。后至均平，遂成慈母。"

在流传过程中，这个故事演变为多个版本。唐代欧阳询的《艺文类聚》云："闵子骞兄弟二人。母死，其父更娶，复有二子。子骞为其父御车，失辔。父持其手，衣甚单。父则归，呼其后母儿，持其手，衣甚厚温，即谓其妇曰：'吾所以娶汝，乃为吾子，今汝欺我，去无留。'子骞前曰：'母在一子单，母去四子寒。'其父默然。故曰：孝哉闵子骞，一言其母还，再言三子温。"

这个故事后来还被改名为《鞭打芦花》，流传甚广。根据此版本，闵子骞的继母很偏心，给亲生儿子用锦絮做袄，却以芦花给闵子骞御寒。父亲误以为闵子骞怕冷偷懒，用鞭子抽打之，衣破芦花露，才得知实情。在父亲有意休妻时，闵子骞却以德报怨，为继母求情，宁愿自己忍受委屈。此后，他的继母终于悔悟，痛改前非。

作为民间传说，《鞭打芦花》于2006年被列为安徽省首批非物质文化遗产。据称，《鞭打芦花》故事发生的地点就在萧县杜楼镇孟窑行政村杜村境内。

为了纪念闵子骞的孝行，这个皖北小村庄被人们改名为

"鞭打芦花车牛返村",成为全国最长的村名。当地至今还流传着一首民谣:鞭打芦花车牛返,仁义道德最为先。夫休后妻儿救母,子骞美名代代传。

有相关文献支持这种说法,《闵子书》载:"寒山鞭芦在萧县南三十里,堀坊村西北八里。"(见图6-2)清潘镕纂修《嘉庆·萧县志》载:"车牛阪《旧志》:县西南二十里,相传闵子覆车处。"

图6-2 鞭打芦花处

历史上确有闵子骞其人,他是孔子的学生。《史记·仲尼弟子列传》云:"闵损字子骞。少孔子十五岁。"

《论语·先进》中多次提到闵子骞:"德行:颜渊,闵子骞,冉伯牛,仲弓。""闵子侍侧,訚訚如也。""子曰:'孝哉闵子骞！人不间于其父母昆弟之言。'"

这几句话的意思是：在孔子弟子中，闵子骞属于道德品行优秀者。侍立在老师的身边，他的样子恭敬而正直。对于闵子骞爹娘的兄弟称赞他的话，人们没有异议。孔子为之感叹：闵子骞真是孝顺啊！

《鞭打芦花》这一故事，反映的是继子与后母的关系。闵子骞对后母薄待的宽恕，使得趋于恶化的家庭关系回到了和睦融洽的氛围中。故事从正面的角度，赞颂了闵子骞尊老、敬老和爱老的美德，不仅有着深远的历史影响，而且有着重要的现实意义。

从法治的视角，类似的家庭问题如果处理不好，有可能导致家庭暴力、夫妻离异等问题。

自古以来，子女忤逆不孝，遭受各方谴责。一些虐待父母的恶性案例，更是引发社会热议。比如，2020年5月，某地的马某将瘫痪在床的母亲埋至一处废弃的墓坑内。这种"活埋"亲生母亲的行径属于犯罪行为，泯灭人性，激起公愤，社会舆论强烈要求依法严惩马某。

实际上，孝道既关系道德层面，也涉及法律层面。作为中国传统文化的核心，孝文化的内涵被历代统治者纳入法律规范，用以维持社会秩序，实现政治统治。而且，从"孝"到"养老"，也成为现代社会不可忽视的法律问题。

（二）

儒家经典《孝经》记述的是孔子关于孝道的教导，相传为孔子的弟子曾参及其门生编录。

《孝经》的"开宗明义章"强调："夫孝，德之本也，教之所由生也。""夫孝，始于事亲，中于事君，终于立身。""孝"被视为一切德行的根本和教化产生的根源。

家庭小国家，国家大家庭。在传统的宗法伦理社会中，父子之伦，存于孝道；君臣之伦，系于忠义。"孝子忠臣"成为人们所追求的人格典范。

古人习惯于说"忠孝不能两全"，其真实意思是提示人们，如果两者不可兼顾，理当选取前者而舍弃后者。

由于"天下一家"，历代封建统治者将"以孝治天下"作为治国方略，将孝道融入法律规制之中。

《孝经》的"无刑章"有云："五刑之属三千，而罪莫大于不孝。"把"不孝"即一切不敬重父母尊长以及有违其意志的言行，当作最大的犯罪。

传统法制受孝道影响非常大，历史上曾经认定的"十恶"罪行，"不孝"与"谋反、谋叛、恶逆、不道"等行为一起被列入其中。

先秦时期，作为行为准则的礼制就是当时的法律。《周礼》

将"不孝"列入刑罚的重要内容，其中有"以乡八刑纠万民：一曰不孝之刑"的记载。

在《唐律》和《清律》中，惩罚所涉及的对尊长不敬和疏忽等"不孝"行为主要包括：子孙违反教令；供养有阙；父母、祖父母被人殴击，子孙进行救护时误伤父祖；尊长为人所杀而与凶犯私和；匿父母及夫丧；府号官称犯父祖名讳；父母死诈言余丧（意为父母以外的亲属之丧）、不解官守丧；诈言祖父母、父母及夫死；居丧生子；居丧嫁娶；祖父母与父母被囚禁期间嫁娶、作乐；居丧作乐；居丧主婚；居丧奸；冒哀求仕；居丧别籍异财；委亲之官（即把官职委任给亲戚朋友）；丧制未除释服从吉等。

对于各种违反法律的不孝行为的惩处，历代也有明文规定。汉代《二年律令·贼律》规定："殴詈泰父母（即祖父母）、父母、假大母（即庶祖母或继祖母）、主母、后母，及父母告子不孝，皆弃市。"刑罚"弃市"，是指在闹市对罪犯执行死刑，并将其尸体弃置街头示众。

《唐律疏议·斗讼三》"告祖父母父母"条规定："诸告祖父母、父母者，绞。谓非缘坐之罪及谋叛以上而故告者。"

《清律·刑律·诉讼》"子孙违反教令"条规定："凡子孙违犯祖父母、父母教令及奉养有缺者，杖一百。"此律文源于《唐律》，《唐律》对此罪的量刑规定为徒二年。《清律·户律》"别籍异财"条规定："凡祖父母、父母在，子孙别立户籍分异财产者，杖一百。若居父母丧，而兄弟别立户籍分异财产者，杖八十。"有些行为被视为罪大恶极，以死刑"枭首""弃市""绞"处之。

古代法律对于养老也有明确要求。《唐律疏议》曰："《礼》云'七十，二膳；八十，常珍'之类，家道堪供，而故有阙者，各徒二年。"历代还颁布相应的养老法令，注重尊敬老人，优待老者。

汉文帝元年（前179）所颁布的《养老令》明确指出："老者非帛不暖，非肉不饱。今岁首，不时使人存问长老，又无布帛酒肉之赐，将何以佐天下子孙孝养其亲？今闻吏禀当受鬻者，或以陈粟，岂称养老之意哉。具为令。有司请令县道，年八十已上，赐米人月一石，肉二十斤，酒五斗。其九十已上，又赐帛人二匹，絮三斤。赐物及当禀鬻米者，长吏阅视，丞若尉致。不满九十，啬夫、令史致。二千石遣都吏循行，不称者督之。刑者及有罪耐以上，不用此令。"旧时，老人七十岁即称"古稀之年"，八十岁及其以上的老人数量极少。

古人将孝悌和廉正作为选任官员的基本道德要求。官员不履行"孝亲"义务，按律会受到处罚。西汉后期，大司空何武、丞相薛宣、大司农孙宝都以"不孝"的名义被免职。同时，开展了常态化的举孝廉选任官吏的制度。在古代，为父母服丧期间不能出仕做官也成为一项普遍的法律规定，初为三年，后改为二十七个月的"丁忧"制度。

此外，在古代法律中，基于尊崇孝道的宗旨，在缓刑、免刑方面规定有"存留养亲"和"留养承嗣"（也称"留养承祀"）制度，即死刑犯为独子，而祖父母、父母年老无人奉养，经皇帝批准，可以改判重杖一顿、枷号示众三个月，使其能免除一死，侍奉祖父母、父母。

"留养"制度源于北魏时期，此后历经多个朝代，延续1400多年。《北魏律·名例》规定："诸犯死罪，若祖父母、父母七十以上，无成人子孙，旁无期亲者，具状上请，流者鞭笞，留养其亲，终则从流，不在原赦之例。"《大清律例·名例律》规定："凡犯死罪非常赦不原者，而祖父母、父母老疾应侍，家无以次成丁者，开具所犯罪名奏闻，取自上裁。犯徒、流者，止杖一百，余罪收赎，存留养亲。"

这些法律规定既体现出孝道文化中敬老养老、宗族延续的理念，也是慎刑思想的一种反映。

（三）

从奴隶社会到封建社会，与孝道相关的涉案纠纷层出不穷，相关古籍中也多有记载。对于这类案件的态度和处理结果，体现了传统社会"礼治"与"法治"的关系，也显示出不同时期人们对于孝道与法律之间的关系在认识上的演变轨迹和发展趋势。

《礼记·曲礼上》云："父之仇，弗与共戴天；兄弟之仇，不反兵；交游之仇，不同国。"对报仇行为予以明确认可，甚至把为父兄报仇视为当事人的权利与义务。

据此可知，奴隶制时期，人们形成的社会共识是，报仇行为合乎"礼"的规范，为父兄报仇更是理所应当地属于合法行为。

随着法制的不断发展，秦汉以后，法律禁止报仇杀人。但是，封建伦理的影响根深蒂固。在司法实践中，对于此类案件当事人的处罚往往比较宽缓。据《后汉书·列女传》所记：

> 酒泉庞淯母者，赵氏之女也，字娥。父为同县人所杀，而娥兄弟三人，时俱病物故，仇乃喜而自贺，以为莫己报也。娥阴怀感愤，乃潜备刀兵，常帷车以候仇家。十余年不能得。后遇于都亭，刺杀之。因诣县自首。曰："父仇已报，请就刑戮。"福禄长尹嘉义之，解印绶欲与俱亡。娥不肯去。曰："怨塞身死，妾之明分；结罪理狱，君之常理。何敢苟生，以枉公法！"后遇赦得免。州郡表其闾。太常张奂嘉叹，以束帛礼之。

东汉时期，赵娥为报父仇而故意杀人。这种行为虽然属于违法犯罪，但是体现了孝道。赵娥投案自首，愿意认罪伏法。县官对赵娥表示同情，不仅没有依法审理此案，反而打算放弃官位与其一起逃走，因赵娥不想"枉公法"而未果。最终，赵娥遇赦，免于一死，还受到"表其闾""以束帛礼之"的褒奖。

这起刑事案件的处理结果表明，报仇杀人行为虽然被法律所禁止，但是，赵娥的孝心在道德层面得到了帝王和地方官员的认可。于是，作为特例，网开一面，赵娥的罪行获得宽容。由此反映出，在当时人们的思想意识中，与"杀人偿命"的法律条文相比，儒家的孝道伦常占有更为重要的地位。

但是，冤冤相报何时了。报仇毫无顾忌以致大开杀戒，当属严重触犯法律。如果对此有意放纵，必将影响社会稳定。

到唐代时，法律制度已经比较健全。法律对血亲报仇作了具体规定，据《唐律疏议·斗讼》（见图6-3）："诸祖父母、父母为人所殴击，子孙即殴击之，非折伤者，勿论。折伤者，减凡斗折伤三等。至死者，依常律。"

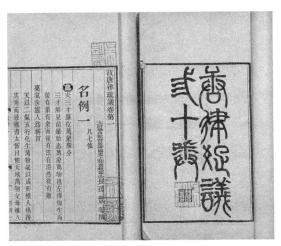

图6-3 《唐律疏议》明代刻本

在实际执法中，对相关案件的处理情况也发生了明显变化。据《新唐书·孝友传》所记：

> 武后时，下邽人徐元庆父爽为县尉赵师韫所杀，元庆变姓名为驿家保。久之，师韫以御史舍亭下，元庆手杀之，自囚诣官。

案情并不复杂，因父亲徐爽被县尉赵师韫杀害，徐元庆随后报仇杀人。同之前的孝子一样，徐元庆也选择了归案自首。

该案件上报后，武则天本欲依照前例赦免徐元庆。时任左拾遗的陈子昂（著有《复仇议状》一文）认为不可，主张"先诛而后旌"。

杀人偿命，国有常法；为父报仇，古有明训。据此，陈子昂认为，可以兼顾法律与道德方面，建议根据国法对徐元庆处以死刑，然后从道义上对其予以表彰。

陈子昂的司法建议得到多数官员的认可，并被武则天采纳。由此可见，这种法律占据上风的观点，代表了当时对于为父报仇杀人案处理的主流看法。

"先杀后旌"，似乎顾全了国法和情理两个方面，实际上是将法律置于第一位置。依法果断处死报仇的孝子，是其真正目的。事后的哀旌褒奖，只是对众人情感上的安慰，是一种表面上、形式上的弥补手段。

陈子昂的主张看上去高妙，其实属于自圆其说。在本质上把法律与道德孤立并对立起来，自相矛盾，漏洞明显。

更为严重的是，这种"馊主意"混淆是非，糊弄误导民众，给正统的礼教掺杂了欺骗性，为其注入了虚伪的成分。

后来，宪宗朝曾任礼部员外郎的柳宗元（著有《驳复仇议》一文），对陈子昂的《复仇议状》进行了批驳，认为礼与刑的本质目的是一致的，既诛又旌，不能兼顾二者，实属背礼违法。

针对徐元庆之案，柳宗元认为，评判结果无非有两个：如果徐元庆之父属于无辜被杀，报仇便是守礼行义，应当赦免并且表彰；若是徐元庆之父有罪当死，那么报仇是违法悖礼，应当依法诛杀。

尽管这些属于后话，但是，柳宗元的观点比较理性，也比较客观，不失为更加明智的"高招"。

到了宋代，情况又有不同。据《宋史·刑法志》所记：

元丰元年，青州民王赟父为人殴死，赟幼，未能复仇。几冠，刺仇，断支首祭父墓，自首。论当斩。帝以杀仇祭父，又自归罪，其情可矜，诏贷死，刺配邻州。

宋神宗元丰元年（1078），青州平民王赟为父报仇而私自杀人，依法当斩。案件上报后，皇帝考虑其出于孝心，情有可原，又有自首情节，下诏免去其死罪改以刺配。

这种处理，态度比较明确：一方面是违法必究，不免罪责。减轻刑罚，只是出于对孝子复仇的同情以及对其自首投案的宽大。另一方面，不再提倡和鼓励复仇，不对王赟的行为予以"旌表"。

与以前的类似案件相比，在这起命案处理过程中，"礼"与"法"方面，似乎是彼此迁就、各让一步，都做了一些妥协，体现出情理法相融合的新趋势，也为此后处理孝道与法律之间的冲突提供了新的范例。

不过，孝道方面的相关案情，涉及刑事命案的并不多见，绝大多数属于民事纠纷。针对此类民事纠纷，司法官员们往往更注重采取感化教育的方式去化解。

《名公书判清明集》是一部南宋时期法司官员的判词汇编，其中收录有时任提刑官蔡久轩的两份判词。其一为"子未尽孝当教化之"，文曰：

子盗父牛，罪当笞。至于不孝一节，本州当有以教化之，岂可便行编管。送州金厅，且将彭明乙枷项日程，仍令日设拜其父，候父慈子孝，即与疏放。

其二为"读孝经"：

送县照已行戒约。但子之于母，自宜孝顺，于母所敬亦敬之，而况所谓外公者乎？田业固不可逼卖，至于一二家事之类，亦何足道？监下替彭宣教读《孝经》一月。帖县唤上徐立之来问，限三日。

蔡杭（1193—1259），字仲节，号久轩。绍定二年（1229）进士，历任浙东提刑、江东提刑、吏部尚书、枢密副使等职，南宋著名的司法官员。

对于偷盗父亲耕牛的儿子，蔡杭不是轻易地判处"编管"之刑（即放逐远方州郡，编入当地户籍），而是"有以教化"，惩罚则由"当笞"减轻为"枷项"，并责令其向父亲行下拜之礼。等待儿子悔过以后、父子能和睦相处，予以释放。

后一案件中，似为外公逼外孙卖田，外孙以下犯上，或出言不逊，或应对处置不当，被告之官府。蔡杭在对当事人进行必要的晓谕之后，以令外孙替宣教官读一个月《孝经》的方式结案。

如此灵活地运用"自由裁量权"，处理方式甚是宽仁，"蔡法官"此举耐人寻味。古代的"成文法"中，对于不孝行为的惩罚历来过于严苛，"过罚不当"显然有违常理。

但是，作为司法官员的蔡久轩，在具体诉讼案件的处理中，如同贤良慈善的老师和长辈，晓以大义，诲人不倦。这种教化，与强制手段相结合，促使当事人不令而从，悔过自新。

由此显现的，是一个亲民爱民的"父母官"的形象及其人格魅力。

不过，应该注意的是，司法官员可以随意运用"自由裁量权"擅自断案，也给一些贪官污吏借机徇私枉法提供了便利。此类现象的存在，反映出当时法律规定、法律制度等方面的历史局限性。

受"无讼"观念和社会习俗的影响，为了尽快息事宁人，维持家庭和谐稳定，更多的此类纠纷，人们并不寻求告官公断，而是通过家族长老、地方乡绅进行调解，采用民间"私了"的方式处理。

从实际效果来看，在传统社会中，这种通过调解处理纠纷的方式也确实比较合适。毕竟，当家庭成员之间撕破脸皮、因"家丑"对簿公堂，彼此的伤害难以平复，无论是谁胜诉，都不会有幸福可言。

值得一提的是，因为载入《史记》，《缇萦救父》的故事流传甚广。《史记·扁鹊仓公列传》记曰：

文帝四年中，人上书言意，以刑罪当传西之长安。意有五女，随而泣。意怒，骂曰："生子不生男，缓急无可使者！"于是少女缇萦伤父之言，乃随父西。上书曰："妾父为吏，齐中称其廉平，今坐法当刑，妾切痛死者不可复生，而刑者不可复续，虽欲改过自新，其道莫由，终不可得。妾愿入身为官婢，以赎父刑罪，使得改行自新也。"书闻，上悲其意，此岁中亦除肉刑法。

汉代名医、任齐国太仓长的淳于意被人告发犯罪，他的小女儿缇萦上书，痛感被处死者无法复生、受刑斩断的肢体不能复原，自请入宫为奴，代父赎罪。汉文帝刘恒被缇萦的孝心感动，遂下令改革刑制，废除肉刑，并赦免了对其父的刑罚。这个故事发生在汉文帝十三年（前167），作为案例，《汉书·刑法志》中对此也有记载。

在中国古代，黥刑（也称墨刑，即刺面涂墨）、劓刑（割鼻）、刖刑（又称剕刑，即断足斩趾）、宫刑（阉割）等刑罚残害肌肤，伤废肢体，极端野蛮残酷。废除这些肉刑，改以其他刑罚替代，比如对黥刑改为"髡钳城旦舂"（剃光头发、用铁圈束颈并服苦役，其中"城旦舂"指男犯筑城女犯舂米的刑罚），对劓刑改为"笞三百"（打三百竹板）等，此举体现了人道主义精神，是中国刑罚制度发展过程中的重大历史进步。

只是，当时某些具体的执行措施存在一定的弊端和缺陷，比如，执行笞刑因过重往往致人死亡，导致生刑变成了死刑，这种现象有违汉文帝减轻刑罚的初衷和人们的预期，故而被世人所诟病。但是，废除肉刑体现了人类社会由野蛮向文明发展的总趋势，无疑值得高度肯定。近代著名法学家沈家本在《历代刑法考》中称："汉文帝除肉刑，千古之仁政也。"

据《史记·孝文帝本纪》，汉文帝认为："法者，治之正也，所以禁暴而率善人也。""法正则民悫，罪当则民从。"意思是，法律是治国的准则，是用来禁绝残暴、引导人们向善的。法令公正，百姓就忠厚；判罪得当，百姓就顺从。据此可知，废除肉刑，是汉文帝"禁暴"的法制主张在司法实践中的具体表现。

缇萦不畏艰难，不惧强权，勇于上书救父，不仅成为中国孝道的典范，更是为汉文帝废除肉刑提供了契机，促进了古代法律制度的改革。巧合的是，汉文帝刘恒不仅与其子汉景帝刘启以开创"文景之治"名垂青史，还以孝行著称，其"亲尝汤药"照顾生病母亲的事例被列入《二十四孝》故事。因为孝道，汉文帝与缇萦共同成就了中国法制史上一个具有里程碑性质的经典案例。

诸多史实表明，孝道理念对中国法律制度产生了深远的影响。在中国古代，孝道文化与法律制度密切关联，相互交融。这种现象，个性鲜明，体现出有别于西方社会的自身特色。

（四）

为了奴役民众，封建统治者极力推崇"君要臣死，臣不得不死；父要子亡，子不得不亡"的观念，一方面曲解"精忠报国"的意思，一方面误导孝心孝行。

随着专制集权的逐步加深，在"愚忠"意识得到强化的同时，传统孝道文化的发展也趋于绝对化，出现了"愚孝"的势头。

传统的孝道文化过分强调卑幼对尊长的顺从与维护，宣扬"天下无不是之父母"，婚姻上要听从"父母之命"，行动上要遵从"父母在不远游"的风俗，财产、人身乃至精神人格都交由长辈绝对掌控。国家则以法律手段强制人们履行其所谓的"孝道"，虽说有"德治"的意图，但不乏功利的目的。

政治权利对"孝道"的干预，"王法"对不孝行为的严苛处罚，实际上是"王者"别有用心、另有图谋。其真实用意，是打造一个"家天下"的体制，迫使广大民众百依百顺、无条件地服从"父母官"，驱使众多"子民"俯首帖耳、听任大权独揽的帝王奴役和宰割，从而更好地维护和巩固封建专制统治。

把"忠"视为更高一层意义上的"孝"，让孝道承载过多的政治责任，显然违背了孝慈之情的初衷。

孝道本来属于道德方面的内容，理应更多地通过宣传教化的途径来倡导。统治者却别有企图，赋予其特定的政治期许，利用和借助行政和刑罚的强制手段，过度伸张忠孝理念，扭曲了孝道文化的真实内涵。

需要注意的是，在中国古代，通常情况下，皇帝就是国家的象征，忠君和爱国往往是不分的。从这个意义上说，对"尽忠"不可一概否定。历史上那些为了国家和民族利益而舍生取义的爱国志士，是不应视为"愚忠"观念的牺牲品的。

实际上，自古以来，有不肖子孙，也有无良父母。有的父母出卖、遗弃子女，甚至扼杀子女。在"重男轻女""男尊女卑"的旧时代，溺死女婴的现象更是屡见不鲜。与弑父埋母一样，这些行为丧失人性，为文明社会和人类良知所不容。

古代法律对于孝道文化的保障支撑，有其合理的成分，其中对老有所养、老有所依、老有所敬的保障，对虐待、伤害尊长行为的严惩等内容，体现了人性关怀，有益于促进家庭和谐与社会稳定。

当然，传统的孝道文化也存在诸多消极落后的方面，有些内容与现代法治精神相违背。比如允许子女隐瞒父母违法犯罪行为，属于怂恿包庇罪犯；维护家长对家庭财产的绝对支配权，侵犯子女的独立人格；宽容父母对子女婚姻的包办，严重干涉婚姻自由；对"以下犯上"言行的惩戒过于严厉苛刻，涉及民事侵权等。类似的法规，与现代法治"法律面前人人平等"的基本原则水火不容。

至于那些唯父母、君主之命是从的主张，比如"非先王之法服不敢服，非先王之法言不敢道，非先王之德行不敢行"（《孝经·卿大夫章》）等，则加重了墨守成规、因循守旧的观念，导致对老经验、老办法过于看重，严重扼制了后人的独立性和创造性意识。

《二十四孝》故事里，既有精华，也存糟粕。其中体现的感恩父母、孝敬父母的精神无疑值得继承和弘扬，类似闵子骞《芦衣顺母》的事迹也应大力提倡，但是，《埋儿奉母》《卧冰求鲤》之类的事例就显得有些愚昧和荒唐，这些明显丧失人性的"孝行"陷入了孝道极端化的泥潭。

在现代社会，等级森严的家长"一言堂"、子孙必须盲目顺从长辈等要求已经属于陈旧习俗，家庭成员之间的关系趋于民主化和平等化，传统孝道文化遇到了新的挑战。如何摒弃旧观念旧习惯的影响，继承发扬孝道文化在弘扬家庭责任和义务方面的积极作用，成为一个不容忽视的新课题。

我国现行法律不仅明确了家庭成员之间的权利义务，而且在老年人权益保障、社会救助等方面传承了我国敬老养老的优良传统。

《中华人民共和国民法典》规定："父母对未成年子女负有抚养、教育和保护的义务。成年子女对父母负有赡养、扶助和保护的义务。"（总则第二十六条）

修订后的《老年人权益保障法》第十八条规定："家庭成员应当关心老年人的精神需求，不得忽视、冷落老年人。与老年人分开居住的家庭成员，应当经常看望或者问候老年人。用人单位应当按照国家有关规定保障赡养人探亲休假的权利。"强调了"常回家看看"等方面的具体要求，体现出对传统孝道文化的呼应。

必须注意到，类似的道德规范入法以及相关的宣示性条款，虽然表明了立法者态度，但不具有直接的强制功能，存在难以执行实施以及操作性不强的现象。况且，计划生育、人才流动以及大量农民工进城务工等现实因素，使得传统的家庭生活模式受到强烈的冲击，某些现行的政策法规与传统的"孝道"之间也产生了明显的冲突。以上种种，尚需有关各方针对新问题，采取积极有效的应对措施。

在继续做好居家养老的同时，有必要联系实际，进一步发展社区养老、机构养老、智慧养老等养老方式，以更好地适应民众需求，为老年群体生活质量的提高提供可靠的保障。

关于什么是孝？《说文解字》的解释是："善事父母者。从'老'省，从'子'，'子'承'老'也。"从"孝"的字形看，"子"在"老"（耂）之下，有侍奉长辈之意。用孔子的话说，就是"居则致其敬，养则致其乐，病则致其忧"。

有些地方，留存着过去留下的"孝"字碑或"孝"字匾，意在起到教育训诫作用。其中，在徽州古村西递，有一座胡氏宗祠，名曰"敬爱堂"，里面有一个相传为朱熹所书"孝"字。这个斗大的"孝"字颇有创意，字体苍劲有力，字与画巧妙结合，融为一体。一侧为孝子形象，仿佛是一个梳着高髻的人在拱手跪拜；另一侧是逆子嘴脸，似乎是一个狰狞的猴子挥拳狂踢。在民间，不肖子孙常常被当成缺乏人性的畜生受到唾骂。

现实生活中，"不孝"的突出问题往往表现在子女不尽赡养义务的现象。实际上，无论从法律责任的角度，还是从彰显人性关怀的层面，所谓的"孝道"与"养老"问题密切相关。

受到人口老龄化、社会流动的加剧、独生子女家庭压力的加大以及竞争环境、经济实力等因素的影响，当代敬老养老问题较为突出，甚至出现了趋于蔓延的"啃老"和"空巢老人"现象。

敬老养老，既是每个人的家庭责任，也是政府和整个社会的共同责任。在新的历史条件下，人们更加向往美好的生活，更加追求和注重生活质量的提高。如何与时俱进，更加全面、平等地保护老年人的合法权利和应有权益，进一步推进养老模式的多样化，使尊老敬老形成风气，把养老措施落到实处，成为当今社会必须面对和解决的课题。

俗话说："清官难断家务事。"在当前居家养老占据主流的实际情况下，解决养老问题更多的不是诉诸法律，而是谈亲情、讲伦理，是家庭成员之间的相互理解，是彼此忍让，是化解矛盾，是和睦相处。在这些方面，《鞭打芦花》等孝道故事无疑带给我们一些有益的启示。

七、反腐皇帝朱元璋

朱元璋铁腕肃贪，既打"老虎"，又打"苍蝇"，使一大批营私舞弊的官吏受到了严厉惩处。

重拳严打之下，虽可以收效一时，却不能防患于久远，更不能从根本上解决吏治腐败问题。即使在洪武年间，不收敛、不收手的仍大有人在。面对"前腐后继"的局面，朱元璋无可奈何地说："本欲除贪，奈何朝杀而夕犯。"（《明通鉴》）

皇权至上，一言九鼎。查谁不查谁，凭着个人好恶，皇帝可以"选择性执法"。朱皇帝一时怒起，可以"法外加刑"，甚至任意滥杀，祸及无辜。宁可错杀，草菅人命，何尝不是对法律的粗暴践踏？

贪污腐败不仅是一个历史性问题，也是全球性问题。如何肃贪惩腐，是历届政府以及世界各国共同面临的难题。

在中国历史上，事关遏制和惩处贪腐方面，历朝历代各显其能，为后世留下了丰沛的经验和教训。其中，明代开国皇帝朱元璋铁腕反腐、重典惩吏的举措表现得尤为突出。

（一）"吾治乱世，刑不得不重"

明代之初，政治形势复杂多变，社会矛盾异常尖锐。天下始定，战乱未息，灾害频仍，经济凋敝。统治集团内部争权夺利，地方反明势力虎视眈眈。元朝残余势力伺机反扑，倭寇经常侵扰东南沿海。内忧外患，危机重重。

针对这种形势，朱元璋以"重典治国"作为明初的基本国策，把大权归于朝廷，用法律手段来维护极端君主专制的中央集权制度，以强化自身的统治地位。

据《明史·刑法志》记载，朱元璋对其皇太孙朱允说："吾治乱世，刑不得不重。汝当承平之后，刑自当从轻，此谓刑法世轻世重也。"

《大明律》以《唐律》为基础，在内容与形式上较之唐宋律有所改进，是明朝的基本法典。其"草创于吴元年，更定于洪武六年，整齐之于二十二年，迟之三十年而始颁布于天下"（《明史·刑法志》）。

朱元璋曾为此下达诏令："子孙守之，群臣有稍议更革，即坐以变乱祖制之罪。"（《明史·刑法志》）

自朱元璋称吴王的元年（1367）创建，至洪武三十年（1397）完成的《大明律》，共7篇，30卷，460条。

这部法典不仅有规范百姓行为、惩治民众犯罪的具体规定，其最主要的特点，则是针对官吏的违法犯罪行为进行严厉惩处。

《大明律》的《吏律》部分针对官吏治理方面，有《职制》与《公式》二卷。《职制》主要规定文武官吏应该遵循的职司法规及相关罪行制裁，《公式》是官吏应遵循的办事规程及违反规程的处罚，专列了"大臣专擅选官""文官不许封公侯""滥设官吏""交结近侍官员"等条目。

相关条文规定，对官吏犯罪一律重罪处置。比如，"大臣专擅选官"规定："凡除授官员，须从朝廷选用。若大臣专擅选用者，斩。若大臣亲戚，非奉特旨，不许除授官职。违者，罪亦如之。"（《大明律·吏律》）

"滥设官吏"规定："凡内外各衙门，官有额定员数，而多余添设者，当该官吏一人杖一百，每三人加一等，罪止杖一百，徒三年。"（《大明律·吏律》）

"奸党"规定："凡奸邪进谗言、左使杀人者，斩。若犯罪律该处死，其大臣小官，巧言谏免、暗邀人心者，亦斩。若在朝官员，交结朋党、紊乱朝政者，皆斩。妻子为奴，财产入

官。若刑部及大小各衙门官吏，不执法律，听从上司官主使出入人罪者，罪亦如之。"（《大明律·吏律》）

在其他法律篇目上对官吏贪赃枉法行为的惩罚也有所规定。如：在《大明律·刑法志》中"十恶"之外增加了"贪墨之赃有六"："曰监守盗，曰常人盗，曰窃盗，曰枉法，曰不枉法，曰坐赃。"除"常人盗、窃盗"外，其余四赃均是惩治官吏贪污受贿的。

《大明律》关于官吏贪污、受贿、盗窃等罪的条文，也比前朝各律大为增多，规定更加细密全面，专列"受赃"一卷，规定官吏受财、坐赃致罪等内容。

量刑也明显重于前朝，受财而枉法者，一贯以下杖七十，受财达八十贯者处以绞刑。监守自盗者，不分首从，并赃论罪，一贯以下杖八十，四十贯处以绞刑。其起罪之低、处罚之重，堪称史无前例。

为了矫正纲纪废弛、官吏恣纵的积弊，除了《大明律》外，朱元璋亲自参与编定《大诰》四编，即《大诰》《大诰续编》《大诰三编》《大诰武臣》四部分，统称《御制大诰》（见图7-1），于洪

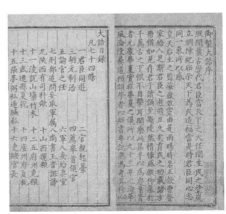

图7-1　《御制大诰》

武十八年（1385）发布。其中汇编了以酷刑惩治官吏过犯的案例。

《大诰》是一部以惩治官吏犯罪和豪强犯罪为主要内容的特别法，是一部"法外之法"。

在定罪量刑上，《大诰》明显要比《大明律》严酷得多，而且罗列和设立了许多《大明律》没有的刑罚，恢复了被前代废除的大辟、凌迟、枭首、刺字、阉割等酷刑，不仅手段残忍，而且株连甚众，扩大了酷刑的使用范围。其中，"所列凌迟、枭示、族诛者无虑千百，弃市以下万数"，甚至在地方官署边专设"皮场庙"，用来撕剥贪官人皮，令官府"公座旁，各悬一剥皮实草之袋，使之触目警心"（明会要·职官》）。

为强化皇权，重治朝臣，明朝还设有廷杖制度。在廷殿之上，当众责打违背皇帝旨意的文武朝臣。轻者皮开肉绽，重者立毙杖下。对于臣僚来说，这不仅是一种伤身夺命的酷刑，更是一种令人感到羞辱冤屈的精神摧残。

《大诰》的发布，体现了"以刑止刑"的思想，反映出朱元璋对贪腐行为"零容忍"的决心。

明朝的法律汇集中国封建时代成文法之大全，除了律、诰之外，还有典、例、令等基本形式，比如汇集了有关行政律令典章的《大明会典》以及《问刑条例》《充军条例》等各种条例，形成了以《大明律》和《大诰》为基础，榜文、例、令等为辅助的严密的法网。

这些自成体系的法令，形成了"成文法"和"判例法"相结合的"混合法"，为肃贪惩腐提供了可靠的法律依据和极具权威的比附判例。

为了加强宣传，扩大影响，《大诰》颁行后，朱元璋要求每户一本，家传人诵。洪武二十五年（1392），又编定《醒贪简要录》，将这部"反腐教材"颁布天下。

朱元璋铁腕肃贪，既打"老虎"，又打"苍蝇"，使一大批营私舞弊的官吏受到了严厉惩处。

大将军胡大海的儿子胡三舍因触犯禁酒令私自酿酒获利而被杀头，驸马都尉欧阳伦走私茶叶从中谋利被处以极刑。洪武十八年（1385），朝廷查处户部侍郎郭桓贪污秋粮案，这起骇人听闻的案件涉及中央和地方官吏多达万人。朱元璋下令"自六部左、右侍郎以下皆死"，一下就杀了上万官员，受牵连者不计其数。

据粗略统计，《大诰》中记载的一次杀人或处刑数十人以上的案例就有近40起。

（二）"尔奉尔禄，民脂民膏。下民易虐，上天难欺"

在传统社会中，崇尚"以法为教、以吏为师"。各级官员作为"关键的少数"，朝廷要求他们起率先垂范作用，自觉尊法守法。

五代蜀主孟昶曾颁布《令箴》，原文共24句。据洪迈《容斋续笔》所记，宋太宗赵炅删繁就简，认为其中"尔奉尔禄，民脂民膏。下民易虐，上天难欺"4句"词简理尽"，摘取形成16字箴言颁行天下，敕令勘石成碑。将此"戒石碑"立于衙署大堂前，以进出熟视，铭记不忘。

绍兴二年（1132）六月，宋高宗赵构亲下御札诏，摹刻黄庭坚所书《太宗皇帝御制戒石铭》（见图7-2），并加题"太宗皇帝御制"6字篆额，颁行郡县守令，命其"刻之庭石，置之座右，以为晨夕之戒"。

到了明代，朱元璋下令将刻有这些文字的碑石竖立在从仪门到衙署大堂的甬道上，并建亭保护，故有"戒石亭"之称。清代又把亭子改为牌坊，称为"戒石坊"（见图7-3），有的官衙还在戒石的另一

图7-2 南宋《太宗皇帝御制戒石铭》碑

面刻上"公生明"的字样。

图7-3 戒石坊

不容否认，对于讲操守、守底线的士大夫官僚，《太宗皇帝御制戒石铭》确实能够起到诫勉作用。只是，在制度性贪腐已成不治绝症的态势下，这种道德诫勉，对贪官污吏却无法发挥应有的制约效果。

为了能够实现"上天难欺"，防止各级官吏瞒上欺君，明朝对于监督机制极为重视，精心编织了一张庞大、严密的监察网。

首先，健全完善专门的监察机构，将御史台改为都察院，设左右都御史、左右副都御史、左右佥都御史，专门纠劾百司，提督各道，直接向皇帝负责，不受其他部门的干涉。

其次，对应当时地方上的十三个省，设有十三道监察御史，作为中央行政监督机构的派出单位负责管辖区域内的监察工作，进而实现朝廷对地方的管理与监督。

最后，对应朝廷的六部，设置了专门"以下察上"的六科给事中，这些可以"风闻弹人"的七品言官，职级不高，地位重要，"凡大事廷议，大臣廷推，大狱廷鞫，六掌科皆预焉"（《明史·职官志》），并且负责监督并弹劾擅权专断、违制乱纪的权臣高官。所谓"风闻弹人"，即可以根据传闻进行举报弹劾，无需负有核实的责任。

此外，明代还建立了较为完善的御史巡按地方制度。这些御史权力极大，其职责是"代天子巡狩，所按藩服大臣，府州县官诸考察，举劾尤专，大事奏裁，小事立断"（《明史·职官志》）。

为了秘密监视、侦查群臣百姓，加大对可能威胁皇权行为的打击力度，明代还建立了检校、锦衣卫等特务机构。

朱元璋任用亲信充当"检校"，这些官员专注察听在京大小衙门官吏不公不法及风闻之事，无不奏闻。洪武十五年（1382），设立锦衣卫，"掌侍卫、缉捕，刑狱之事，恒以勋戚都督领之"（《明史·职官志》）。后来，明成祖朱棣和明宪宗朱见深还设立了由心腹宦官掌管的东厂、西厂。

此类机构不受法律和司法程序约束，权倾一时，其人员遍及全国各地。他们作为皇帝的耳目，不仅查办贪赃枉法案件，也成为其他相关线索的重要来源。

朱元璋非常重视民众监督和舆论监督。《大诰》鼓励民众赴京"越级上访"告官，言称"若城市乡村有等起灭词讼，把持官府，或拨置官吏害民者，若有此等，许四邻及阖郡人民指实赴京面奏，以凭祛除，以安吾民"。

《大诰》甚至鼓励民众到衙门抓获贪官污吏，绑赴京都治罪，明令"今后布政司府州县在役之吏、在闲之吏，城市乡村老奸巨猾顽民，专一起灭词讼，教唆陷人，通同官吏，害及州里之间者，许城市乡村贤良方正豪杰之士，有能为民除患者，合议城市乡村，将老奸巨猾及在役之吏、在闲之吏，绑缚赴京，罪除民患，以安良民。敢有邀截阻挡者枭令。拿赴京之时，关津渡口毋得阻挡"。

"绑缚"通常属于执法行为，赋予"民情""民意"如此特权，固然对某些贪腐官员及不法之徒具有强烈的震慑作用，同时，也反映出当时存在的制度性缺陷以及"诰令"作为"法外之法"的随意与任性。显然，此举给某些盗用"民意"者留下了可乘之机。

明朝在州县及乡里皆设立申明亭，赋予乡间长老与地方保甲长调处民事案件与处理轻微刑及案件的权力，具有基层司法机关的性质。据《明史·刑法志》所记："太祖开国之初，惩元季贪冒，重绳赃吏。揭诸司犯法者于申明亭，以示戒。"把贪腐官员公之于众，让其深感耻辱，尽失颜面。

这些自上而下和自下而上的监督制度，与严法重刑相结合，威慑力强，涉及面广，惩治贪腐的"阶段性成果"非常明显。《明史·循吏传》称："一时守令畏法，洁己爱民，以当上指，吏治焕然丕变矣。"

（三）"本欲除贪，奈何朝杀而夕犯"

朱元璋大刀阔斧，重刑严惩，在打击贪腐方面的力度是空前的，其惩治手段之残酷也是历史上所罕见的。

据清代赵翼的《廿二史札记》所记：当时"京官每旦入朝，必与妻子诀，及暮无事则相庆，以为又活一日"。朝中官员动辄因贪腐或遭受牵连而落马治罪，人人自危，内心惊恐，有朝不保夕之感。

但是，若想辞官走人，或者口出怨言、流露不满，则难逃一死。按照《大诰》的说法，有人竟敢"诽谤"朝廷，"奸贪无福小人，故行诽谤，皆说朝廷官难做"，此属"大不敬"，非杀不可。《大诰》还规定："率土之滨，莫非王臣……寰中士大夫不为君用，是外其教者，诛其身而没其家，不为之过。"如此恐怖政治，让人退留两难。

重拳严打之下，虽可以收效一时，却不能防患于久远，更不能从根本上解决吏治腐败问题。即使在洪武年间，不收敛、不收手的仍大有人在。面对"前腐后继"的局面，朱元璋无可

奈何地说："本欲除贪，奈何朝杀而夕犯。"（《明通鉴》）

到了明朝中后期，宦官专权，党争激烈，朝政乌烟瘴气，权钱交易肆无忌惮，官场贪腐已经成为体制性痼疾，大明王朝终于彻底崩溃（见图7-4）。

图7-4　明代城墙遗址

唐太宗李世民云："法者，非朕一人之法，乃天下之法。"但是，历史上有着这样见识的封建帝王少之又少。

朱元璋是一个政治强人，他强化君主中央集权，把专制推向极端化。

在立法方面，体现的是权大于法、以言代法，朱元璋的"最高指示"——《大诰》成为法外之法。在司法方面，则建成以皇权为核心的司法体系。

明代废除传统的中书省和宰相制度，由皇帝直接控制吏、户、礼、兵、刑、工六部。

刑部、都察院、大理寺为三法司：刑部为主审机构，都察院为监督纠察机构，大理寺为复审复核机构。三法司分工明确，相互配合与制衡，共同对皇帝负责。

"凡有大狱，当面讯，防构陷锻炼之弊"（《明史·刑法志》），对一些重大案件，皇帝仍亲自审理。因此，司法的最终裁决权掌握在皇帝一人手中，实质上，皇帝才是司法审判的最高主宰者。

皇权至上，一言九鼎。查谁不查谁，凭着个人好恶，皇帝可以"选择性执法"。朱皇帝一时怒起，可以"法外加刑"，甚至任意滥杀，祸及无辜。宁可错杀，草菅人命，何尝不是对法律的粗暴践踏？

皇帝的亲信获得特别监督权和司法权，锦衣卫和东厂、西厂等组织一手遮天，横行霸道，导致"灯下黑"的腐败现象愈演愈烈。特别是明代中后期，厂卫和宦官狐假虎威、借机受贿，干预司法、制造冤案。

《明史·刑法志》有记："明锦衣卫狱近之，幽系惨酷，害无甚于此者。太祖时，天下重罪逮至京者，收系狱中，数更大狱，多使断治，所诛杀为多。"

厂卫的做法严重破坏了正常的司法制度，加深了统治集团的内部矛盾，凸显了封建专制统治的黑暗。

绝对的权力崇拜，必然会引发严重的危机。推行强人政治，势必导致人亡政息。尽管明初颁布了诸多律令和规定，但是，始终没有脱离专制独裁的窠臼。

朱元璋起家于下层贫民，亲身经历了元末的残暴统治以及风起云涌的农民起义，深知元朝无视法纪，官吏极端腐败，农民备受困苦，从而导致其败亡的结局。

他曾说："昔在民间时，见州县长吏多不恤民，往往贪财好色，饮酒废事。凡民疾苦，视之漠然，心实怒之。故今严法禁，但遇官吏贪污蠹害民者，罪之不恕。"（明徐学聚《国朝典汇·吏部》）

因此，明初的反腐，既有朱元璋出于对贪官的仇恨，也有以元朝灭亡为鉴、总结历史教训的因素。

据《国朝典汇》，朱元璋云："凡为治以安民为本，民安则国安。"看上去，朱元璋深知"水能载舟，亦能覆舟"的道理。可是，如果就此认为朱元璋情系百姓、一心为民，那就大错特错了。

《孟子》曰："民为贵，社稷次之，君为轻"，"君有大过则谏，反覆之而不听，则易位"，"君之视臣如草芥，则臣视君如寇仇"，如此等等。

对于推崇王权至高无上的封建统治者而言，孟子的这种民贵君轻思想无疑是一种巨大而严峻的挑战。

对于孟子的言论，朱元璋极其反感，甚为恼怒，下令把孟子的牌位撤出孔庙，还删除其中所谓的"反动言论"，重新编印了一本《孟子节文》，规定科举考试不得以被删条文命题。

重典治吏的同时，明初也重典治民。朱元璋认为："民经世乱，欲度兵荒，务习奸猾，至难齐也。"（朱元璋《皇明祖训》）在严厉打击刑事犯罪的同时，为了禁锢百姓思想，朱元璋使用高压手段，频兴文字狱。

由于出身卑微，存有强烈的自卑感，朱元璋总是疑心别人讥讽他。朱元璋早年做过和尚，参加过红巾军，因而非常忌讳"僧""贼""去发"等字眼及其谐音字。

一些官僚人士的贺表中，因有"作则垂宪""垂子孙而作则""圣德作则""取法象魏"等词句，均被处以极刑。如：杭州府学教授徐一夔的贺表中有"光天之下，天生圣人，为世作则"等语，本是臣下颂扬圣上之辞，可是朱元璋览后大怒，以其影射讥讽自己曾经为"僧"（"光"头之意）和"作贼"（谐音"作则"），遂命斩之。

此外，"遥瞻帝扉"的"帝扉"，被他当作"帝非"；"体乾法坤"的"法坤"，被解成"发髡"；"藻饰太平"被解成"早失太平"，相关人士也都因此受到诛杀。

朱元璋有过平民经历，也深知官逼民反、民众起义的后果。为了防止重蹈覆辙，变成"主子"以后，他对肆意妄为、激起民愤的官员严惩不贷。

《大明律·兵律》对"维稳"方面有明确规定："凡牧民之

官失于抚字，非法行事，激变良民，因而聚众反叛，失陷城池者，斩。"

在封建统治者眼里，官吏是"放牧者"，民众是卑微的，是被驱使的"草民""贱民"。帝王们虽看不起民众，却担心他们起事造反。

只是，对于民众，"主子"可以随意宰割，"放牧者"则借机"薅羊毛"。在封建体制中，这种现象不足为奇，难以改变，甚至成为一种习惯，一种常态。

客观地说，朱元璋严法整顿吏治，在某种程度上缓和了社会矛盾，具有一定的进步意义。但是，无论是重典，还是严惩，根本不是为了百姓谋幸福，而是为了防止民众"激变"，是为了朱家王朝的长治久安。

重惩处、轻预防，滥用权力、监督失灵，只是治标、不能治本，导致明初的反腐风暴在朱元璋病死之后偃旗息鼓，明朝也不可避免地陷入"腐败—亡国"的历史怪圈之中。

贪污受贿等违法行为属于经济犯罪。随着时代的发展和社会的进步，在当代，很多国家对于经济犯罪限制了死刑适用范围，甚至免除死刑，但是对反腐成效不一定会产生负面影响。比如，新加坡不以死刑作为震慑和阻遏贪污行为的最有效手段，而以财产罚没或监禁服刑作为最严厉也是最有效的惩处措施。

回顾明代的历史，我们进一步认识到，反腐倡廉是一项系统性工程，暴风骤雨式的反腐运动和一时的高压态势虽说立竿见影，但无法铲除容易滋生腐败的土壤。

因此，必须从源头着手，坚持预防与惩治并重，针对体制上疏漏和制度性缺陷，建立长效机制。重点要解决"权力过于集中"的病根子，把权力关进制度的笼子里，让权力的运行置于阳光之下。只是，需要清醒地认识到，腐败现象不会根除，反腐斗争任重道远，永无止境。

有意思的是，史料中留下的朱元璋画像有截然不同的两种形象（见图7-5）：一种相貌端庄，脸庞圆润，颇有帝王风采。一种脸型怪异，额头与下巴突出，俗称"猪腰子脸"，脸上还布满麻点，看上去有些猥琐。不同的相貌，似乎代表着人们对于这位平民皇帝的不同印象。

对于朱元璋，历来争议不休。《凤阳花鼓》是一首广为流传的民谣，其中唱道："说凤阳，道凤阳，凤阳本是好地方。

图7-5　两种不同形象的朱元璋画像

自从出了朱皇帝，十年倒有九年荒。"

这首歌曾经是"要饭歌"，原是凤阳人逃荒乞讨、沿途卖艺时所唱的。歌中流露的是民众内心的不满，发泄的是对天灾的无奈、对人祸的怨愤。由此，也从某个角度表达出当时的民意。

若是能够安居乐业，有谁愿意拖家带口四处流浪？安徽凤阳是朱元璋的故乡，不容忽视的事实是，当地没有因为出了朱皇帝、也没有因为其重典治吏而摆脱贫穷落后的面貌。

在凤阳，存有明代中都城遗址。历尽沧桑的鼓楼依然耸立，鼓楼的门洞上方，刻着朱元璋题写的"万世根本"四个大字（见图7-6）。

图7-6 凤阳鼓楼门额

究其含义，解释各异。若是意在图谋一家一姓的天下能够千秋万代相传，这种想法未免有些荒谬。如果只是彰显专制和强权的力量，并盲目地指望依赖它们维持统治地位的长久，事实证明，最终必将事与愿违。

八、徽州民间契约多

在丰富的徽州文书中，以各种契约文书为多。前后延续千百年、存世数量多达几十万件的徽州契约文书，反映出契约关系广泛而深入地渗透到徽州的社会生活中。

在中国历史上，"官有律令，民从私约"的传统由来已久，作为当事人双方或多方共同缔结的文字材料，契约文书在法律上具有证据的效用。同时，契约文书体现了对一定范围内的人们具有约束和规制作用的行为规则及行为模式，有利于"定分止争"，从中可以探究"非官方"的民间法、习惯法对于社会生活所产生的影响。

"契约精神"，往往被视为西方文明社会的主流精神，所体现的是一种自由、平等、守信的精神。其实，"契约精神"并非属于西方的专利。众多的徽州契约文书中，注重规则，协商一致，讲究诚信，惩处违约，维护秩序，类似的主张，不是同样体现出"契约精神"吗？

徽州是一个地域概念，位于安徽省南部，古称新安郡、歙州等。古徽州府下辖歙县、黟县、休宁、祁门、绩溪、婺源，即俗称的"一府六县"。

自20世纪50年代以来，徽州文书大量面世，被称为继甲骨文、汉晋简帛、敦煌文书、明清内阁大库档案之后新资料的"第五大发现"。

契约文书是人们在社会生产、生活与交往中为明确相应的约定而形成的原始记录和书面凭据。契约活动则是维护和保证民间社会经济秩序的重要组成部分。

在丰富的徽州文书中，以各种契约文书为多。前后延续千百年、存世数量多达几十万件的徽州契约文书，反映出契约关系广泛而深入地渗透到徽州的社会生活中。

在中国历史上，"官有律令，民从私约"的传统由来已久。作为当事人双方或多方共同缔结的文字材料，契约文书在法律上具有证据的效用。同时，契约文书体现了对一定范围内的人们具有约束和规制作用的行为规则及行为模式，有利于"定分止争"，从中可以探究"非官方"的民间法、习惯法对于社会生活所产生的影响。

因此，从法学的视角关注徽州民间契约文书，具有特殊的意义。

（一）

《明清徽州研究》一书认为："徽州契约文书的总收藏量不下于35万~40万件。"也有学者估计，目前徽州契约文书总存世量在50万件以上。其中，诸多徽州文书，也属于法学文献史料。

徽州契约文书的内容和种类十分丰富，既有涉及经济方面买卖偿付等内容的契约文书，如借贷契约文书、抵押契约文书、租佃契约文书、典当契约文书、侵权与赔偿的契约文书、对山场农田保护的契约文书、水利设施兴修与维护的契约文书等，又有调整社会生活方面的契约文书，如分家析产契约文书、遗产收受契约文书、地缘关系契约文书、共业关系契约文书、主佃纠纷契约文书、宗法关系契约文书、身份改变契约文书、里甲赔累与勒索契约文书等，还有涉及文化教育内容的兴办文化和教育设施的契约文书等，它们几乎涉及徽州地区乡民生活的方方面面。

徽州契约文书众多，其成因较为复杂。总体来看，既有文化方面的因素，又有经济方面的因素和地域方面的因素。

其一，重视文化教育，推广契约知识。受程朱理学的影响，徽州地区教育发达，有"东南邹鲁"之称。社学遍地，书院林立。当时整个徽州府有社学262所、县学5所、书院54所

（见图8-1）。缙绅之家还自编教材，大兴家族塾学之风，"十户之村，不废诵读"，各家族的家塾数不胜数。

图8-1　徽州古紫阳书院遗址

徽州人对契约的重视程度，从其民间启蒙读本中可知。他们认为："官有公条治国，民有私约防奸"（《六言杂字》）；强调置办产业要凭托中人并签约："买卖产业，托凭中人。祖遗续置，串帖刊呈"（《事用杂字》）；在《万事如意·契字》中，说明契约写作时用字须讲究，否则"一字不慎，生出祸根"，详述各类契约文书具体的写作内容与格式，例如"今所承到，某处姓名。东道名下，某件事情。是身承揽，带领几徒，前来造作，悉听主模。央中面议，土银若干，陆续支付，功成找清。恐有反悔，立约为凭"等。这些四言、六言韵语，朗朗上口，便于记忆，把契约知识的教育纳入识字过程中，颇具地方特色。

由于文化教育发达，重视推广普及契约知识，徽州人在相互交往和社会活动中多留有相关文字记录，并形成一种习惯，从而产生了大量的文书资料。

其二，经商意识较强，明清徽商崛起。传统社会以农业为本，重农抑商。但是在人多地少的现实环境逼迫下，以及明清时期来自东南沿海商品经济大潮的冲击下，徽州人的思想观念逐渐发生变化，他们把经商视为主业之一。

徽州民间识字教材《启蒙六言杂字》称："士农工商技艺，各务本业专精，士当爱民护国，农务及时宜勤，百工手段精巧，商贾需要精心。"《休宁宣仁王氏族谱·宗规》指出："士农工商，所业虽别，是皆本职，惰则职惰，勤则职修。"类似的观念，正如《歙事闲谭》所云："商居四民之末，徽俗殊不然。"

作为地域性商人群体，明清时期的徽州商帮实力雄厚，涉足广泛，创造了巨额财富，形成了"无徽不成镇"的商业格局。商业贸易活动的频繁，直接促成了契约文书的广泛使用。

在大量的商贸往来中，出于对契约重要性的感知，"空口无凭，立字为据"成为徽州人的共识。

于是，徽州民间形成了在社会活动中重视立约的传统，事无巨细，往往诉诸白纸黑字。无论是买卖借贷，还是典当抵押，乃至纠纷处理、协商议事等，都留有文字记录，徽州契约文书的内容由此而变得丰富多彩。

其三，位于偏僻之地，少有战火波及。据明弘治十五年（1502）刻本《徽州府志》所记："本府万山中，不可舟车，田地少，户口多，土产微，贡赋薄。"群山连绵，交通不便，相对封闭的地理环境，使得徽州历史上少有战乱和兵火之灾。

即使偶尔遭遇战乱袭扰，由于徽州民间拥有敬惜字纸和保护留存文书与文献的传统，使得大量文书免遭丢弃和焚毁。

（二）

诸多徽州契约文书，有的称"契"，有的称"合约""议约""禁约"，也有的称"合同""合墨""议墨"等。

"契，大约也。"（《说文解字》）"契"与"约"，有关联也有区别。"契"，多用于土地、房产等不动产的归属权证。"约"的使用范畴则更为广泛，不只限于经济活动，还涉及各种社会关系。

在土地私有化的传统农业社会，土地买卖契约在物权类契约中占比较大。按照当时的惯例，土地买卖一般由出卖方出具契约，即所谓的"单契"。

在安徽博物院，存有这样一份明代祁门县的田契：

十一都程志通用价买得父程得成荒田一备，坐落本保土名刑家坞，系经理汤字八十二号。其田东至横坑及志与田，西至坞头，南、北至山。今自情愿将前项四至内荒田尽行立契出卖与同都黄得保名下，面议时值价白银壹拾捌两正。其田价并契当日两相交付足讫。未卖之先即无重复交易，如有家外人占拦及来历不明等事，并是卖人之当，不及买人之事。所有开割税粮候造册之日听自起割前去，本家并无阻当（挡）。所有来脚契文随时缴付。今恐无凭，立此文书文契为用。

成化十四年二月十五日

立契出卖人 程志通 契

依口代书人 程志与

缴得来脚老契五纸又有程志与分粮合同一纸

这份契约中，除说明了产业的来源，以表明卖主对所标的的土地拥有独立的所有权或处分权，还体现了出卖行为系当事人的真实意思表示，以及相关责任认定等。这类契约的结构、条款以及表达基本遵循一定的习俗，具有程式化的特点。

"单契"文书通常只有一份，由事主的一方出具给另一方。"合同"文书往往一式两份或多份，当事人均需签押，各执一份。

在徽商的经商活动中，既有自本经营，又有贷本经营；既有独资经营，又有合资经营。明清时期，徽州人合伙经营以及委托经营的现象相当普遍。

据《明清徽州社会经济资料丛编》（第一集）所载，光绪十九年（1893），徽州商人程振之等五人合资从事粮食经营，专门订立如下合同：

立合同议据人程振之、程耀庭、陈傅之、吴紫封、程润宏等志投意合，信义鸿猷，商成合开设西码头上永聚泰记粮食行业生意，每股各出英（鹰）洋贰佰元，五股共成坐本英（鹰）洋壹仟元。所有官利每年议以八厘提付，各股毋得抽动，本银亦不得丝毫宕欠。每年得有盈余，言定第二年提出照股均分。亏则坐照股镶足，如有不镶，公照盘账析出无辞。自议之后，各怀同心同德，行见兴隆，源远流长，胜有厚望焉。恐（空）口无凭，立此合同议据，一样五纸，各执一纸永远存照。大发！

再批：官利候做三年之后，再行盘结分利。又照。

光绪拾玖年正月□日

立合同议据人 程振之 程耀庭 陈傅之 吴紫封 程润宏

居间执笔人 王致芬

晚清民国年间，大量外国银圆输入，并广为流通。本合同中的"英洋"应为"鹰洋"，是墨西哥银圆，因币面为墨西哥国徽带有鹰的图案而得名。

这则合同中，明确了入股资金及商业利润分配事项，并且约定"亏则照股镶足"，对不履行义务者则取消其股东资格。由此表明，在徽州人的日常生活和经营活动中，存有使用多方合约的现象。

《黟县乡土地理·风俗》称：当地"俗重贸易，男子成童，即服贾四方，视农工为贱业，劳力而不可谋蓄积。妇人专主家政"。由于徽州男人外出经商者众多，有些买卖行为由妇女出面办理，甚至出卖祖业立契也由女性主盟。

明天启元年（1621），徽州妇女余阿蒋将山场并在山木植出卖给房侄余一敬，并立下契约（见图8-2）：

凤山余阿蒋，承祖有六保土名塘内，小土名上坞，系李四字号，共山伍分，内该分值山捌厘肆毫。今为钱粮无办，自愿托中立契将前山捌厘肆毫，并在山木植，一尽出卖与房侄余一敬边管业。当日面议时值价银贰钱伍分正。其契价两相交付明白。其山自卖之后，听凭受人前去栽倍（培）管业。其税即日听凭过割无异。恐口无凭，立此手模卖契为用。

天启元年二月十五日立卖契人 余阿蒋 契

依口代书侄 余一韩（押）

（右手墨印）

文书中，卖主余阿蒋只是署字，并未画押，而是代之在契约左侧印有一个右手手印。

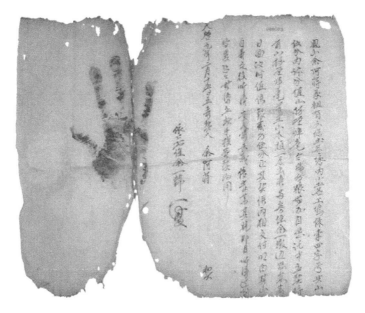

图 8-2　明代休宁余阿蒋手模契约（藏南京大学历史系资料室）

在中国古代，已婚女性的名字通常采用夫姓加上父姓的方式。"余阿蒋"之名，即与近代比较流行的取名为"余蒋氏"相类似，前是夫姓，后为父姓。不过，妇女用"阿"把二姓相连取名，这种称谓方法在更早的宋元时期较为通行。

宋代黄庭坚曾云："贾公彦云汉时下手书若今画指券，岂今细民弃妻手摹者乎，不然则今婢券不能书者画指节，及江南田宅契，亦用手摹也。"（《山谷集·别集》）可见，北宋年间就有手模用于订立田宅契的记载。但是在明清时期，手模契约多用于休妻及买养子女行为，田宅交易中比较少见。

这份女性手模卖山契，更是罕见，非常珍贵。由此，可以得知徽州社会的古风浓厚。

为了传播经营知识和经商经验，徽州人还编撰和刻印了一些专门的"商业书"，如《商贾要览》《贸易须知辑要》《典业须知》《徽商便览》等，有的书中还提供了契约格式，相当于现在的"标准合同文本"。明末纂辑成书的《新刻徽郡补释士民便读通考》中，载有"同本合约格式"，以方便经营者在订立契约时作为文字参考。

（三）

俗话说："清官难断家务事。"由此反映出通过官方渠道难以解决家庭矛盾的实际情况。

在民众的日常生活中，诸如争占、钱债、婚姻、吵骂、斗殴等纠纷广泛存在。在传统社会里，通常情况下，解决类似的问题大多不是选择报官的途径去"对簿公堂"，而是借助民间调解的方式"私了"。

诸多史料表明，在古徽州，契约文书被广泛用于包括家庭冲突在内的民间纠纷的处理和解决。

家产分配往往容易引发家族内部的矛盾，旧时发生此类纠纷，人们习惯于通过乡绅、族人、邻居等作为中间人、见证人甚至监督人，进行居中调解。

这些调解人因为与当事人比较熟悉，了解具体情况，在当地具有一定的威望，有利于促成纠纷的解决。这种民间调解的方式，与通过官府审判相比，成本低，处理时间短，效率也比较高。

关于此类事件，道光十八年（1838）发生在休宁县的一起遗产纠纷案的处理比较典型，契约内容如下：

立覆分据人孙连芳、弟媳对氏同子承父遗下楼屋贰堂，前于道光十年阉分新旧堂各执一半。今因同居不睦，二造各自情愿覆托经手凭公言定，下首新屋一堂，归于对氏同子所管安居；上首老楼屋一堂，连芳同弟媳孤霜。身妇不睦，终日争论，自愿带妻同子局上首老屋，其老新屋内妆所零星料件，俱以凭公论定，二造无得争执。下首柴屋凭经手有界为据，新屋门前余地上首连芳该管一半，下首对氏同子归管一半。上首老屋旁吴姓出当，有余地七步六分，贴老屋连芳名下管业，一便搭造。自分之后，二家永无反悔，以免后代子孙争斗。今恐无凭，二造各自情愿立此覆字据一样二张，各执一张存照。

道光十八年正月　日

立分据人　孙连芳同子（押）　明忠　全忠

　　　孙门　对氏同子　孙海华

代书人　孙振彩

再批：老新屋前后石旁搭榻各居自做。

又批：柴屋里边考山旁，对氏同子管业，外边至路连芳管业。

由于双方当事人在家庭生活中相处不和睦，并因遗产继承问题发生纠纷，都情愿委托相关人员来"凭公言定"，对所涉及的财产进行了清楚明晰的划分，并立下达成一致意见的"字据"。对此定断，当事人均表示"永无反悔"。

在有些徽州契约中，体现了颇具代表性的民间习惯与规则，清咸丰二年（1852），徽州人方镇洪、方镇顺等遵劝和睦的字据契约（藏于中国社会科学院历史研究所图书馆）就属于此类案例。

立遵劝和睦字人方镇洪、方镇顺等兹因于道光三十年九月间，堂兄方灶玄与族叔方时院一时忿怒，将院子冒手误伤致命。玄知理斥情亏，□中登门，央求劝解。愿出衣衾棺椁，斋□召度，应该承值，共用所费资财银钱四百五十两之数。不料玄家资稀微，尽作银钱不足三十余两之数，其余无所出处。以致拖累亲房，各自量力愿出，再若不敷支出，镇洪与镇顺二人面说对半承值，两相无异。不料，本月间须要归还添右先银钱二十两之账项，须要二人派出，是以口角。因为前后支收不清，多寡者三百余文之数，借一为末之小事，而伤兄弟之大伦，是以邻居邀集苦劝，但将前后之事一应说明，二各自愿遵劝，永无生端。其有不愿者，将本收回应该洪、顺二人派出无辞。亦有不愿收者，各曰本德也。自立之后，务要各守安分，切莫缘木求鱼，二各心平气和，永无反悔。若有悖墨反悔者，干罚银钱拾两以备酒酌公论无异。恐后无凭，立此遵劝和睦字一样两纸，各取一纸，永远为据。

　　立遵劝和睦字人　方镇洪　方镇顺

　　常言说："欠债还钱，杀人偿命。"涉及人命关天的大事，如果处理不好，有可能引发受害者家属乃至家族聚众闹事或武力报复，进而导致两家世代相仇。

　　这份文书反映的是一起因民事纠纷引发的命案，内容囊括从发生、调解直至赔偿息讼的全过程。其中，既涉及刑事犯罪行为，又涉及民事纠纷行为，还涉及由于赔偿支付所产生的二次纠纷。为保证协议的严格履行，明确以"罚酒"作为对违约方的惩罚。

　　在斗殴中将人杀死，在古代法律中被称为"斗杀"。按照相关法律规定，故意杀人一般处斩刑，"斗杀"则"减故杀罪一等处罚"，即应处绞刑。但是，本应追究刑事责任的上述命案，最终通过调解以赔钱了事。

　　显然，这种"私了"行为，体现了带有民间习俗的"习惯法"与国家法律的抵触和冲突。不过，在传统社会中，处于地方官府鞭长莫及的偏远乡村，类似的调解处理，也许对维护乡村社会的秩序和稳定更加实用，也更加有效。

在徽州契约中，对违约责任的处罚通常包括"罚银""罚戏""罚酒"等经济制裁以及"割除族籍""告官"等措施，有时还借助乡民对祖先、神灵的敬畏心理，盟誓诅咒。这些处罚加之社会舆论的压力，往往能促使契约的顺利履行。

从实际效果看，这些看似"从轻发落"的民间惩罚手段，与"王法"中的"笞、杖、徒、流、死"的刑罚相比，似乎更能得到乡民认可，也更有利于发挥其教化作用，从而矫正不良行为。

在古代法律中，"诸法合体，以刑为主"，官府对于民事问题的处理也往往采用刑事手段，体现出"重刑轻民"和"以刑代民"的特征。

由以上契约可知，与官方取向不同，在传统社会的最底层，时常出现"以民代刑"的倾向。

毕竟，乡民生活在俗世之中，相对为了追求公平正义而陷入诉讼来说，及时解决纠纷、防止矛盾激化、快速恢复正常的生活秩序显得更加重要。相对加害方受到官府惩处来说，对于受害方的赔偿或补偿更利于解决现实问题。相对撕破脸皮、两败俱伤而言，弥补过失、既往不咎有助于维护"小环境"的稳定与和谐。

于是，在一些偏远乡村（见图8-3），无论是盗窃、抢劫甚至杀人的犯罪行为，还是常见的民事纠纷，在那些"民间法"

"习惯法"中，都同样看待，虽说有时动用责打、囚禁等"私刑"，但是主要采用民事调解的方式处理问题，尤其是双方比较熟悉的情况下。

图8-3 徽州乡村

"以刑代民"与"以民代刑"，二者虽然相互对立，在传统社会中却彼此并存，看似有些令人费解，实际上所凸显的是法律与现实的相互让步与妥协，是情、理、法之间的融通与统一。

或许，"存在的就是合理的"。只是，这种"合理性"，虽然表现为客观真实性，却往往体现出特定情境下的历史局限性。

尽管如此，不容忽视的是，"国法"在民间一直具有强烈的威慑力。许多调解协议中，都会利用乡下民众对国家法律的敬畏心理，在相关契约文书的尾部，写有"倘日后有不孝子孙复蹈故辙，本族及时鸣众，擒押送官，以灭族不孝治罪"或者"如违执约，鸣官理治，仍遵此文为准"之类的字样，体现出国家法律不可替代的权威性，也体现了在徽州地区国家法与民间法的相互调适。

在中国传统法律文化中，"厌讼""息讼"与"健讼""兴讼"，成为一对难解之结。但是总体来看，由于诉讼所导致的耗费时间、耽误事务、容易生发冤仇等方面的影响，"厌讼"和"息讼"成为一种主流观念。

以下是一份清雍正九年（1731）二月在歙县签订的劝息止讼合同（藏中国社会科学院历史研究所图书馆）：

> 立劝息合同亲友宗族方廷采、程茂远、方君锡、曹君亮、曹子远等，今因曹子如有□三千□百九十四号山业与曹三云□三千□百九十三号商业东西界至（址）此，为因争论界至（址），以致讦讼。县主暨军宪太爷□下，但两造俱系一族，身等又系亲友，且事属细微，不忍旁亲特出劝息，将山界眼同两造钉清，日后各管各业，俱已心平，再行公具息词，公求军宪太爷赏息，嗣议之后，二各仍敦族谊，不得怀挟私仇，永相和好。特立合同二纸，各执一纸存照。
>
> （半书：合同二纸，各执一纸存照）

雍正九年二月　日

立劝息亲友　方廷采（押）　程茂远（押）　方君锡（押）

宗族　曹君亮（押）　曹子远（押）

依议两造：曹子如（押）　曹三云（押）

代笔　黄河清（押）

双方当事人因为争论界址而诉诸县衙。为了息讼和解，双方的三位亲友、两位同宗族人共同出面劝说，致使当事人同意和解，正式申请"撤诉"止讼。

（四）

由于幅员辽阔，地域差异明显，在中国的传统社会里，国家权力系统无力也无法延伸到社会最底层。故此，民间流传有"天高皇帝远"之说。

在乡间里社，往往表现出一种"有秩序而无法律"的生活状态，人们通过共同商议制定的规则或约定进行自我管理、自我服务、自我约束。

在依靠村民自治的时代，村规民约在法律性质上相当于"地方性法规"，成为国家法律即"王法"的必要补充和延伸，具有一定的权威性和影响力。显然，村规民约也属于契约的范畴。

为了解决偷盗现象突出等社会问题，姚川的乡民自发订立禁约，公之于众，共同行动，整治"风俗颓败"，对违规犯禁者进行惩罚。

立禁约人姚川通党人等，为严禁田地、五禾、山场树木、柴薪、竹笋、棕皮苞芦、瓜茄菜蔬、水果花利及家资衣物器皿等件，备课善俗淳风事：尝闻朝廷有法律，乡党有禁条，法律施制天下，禁条威振一隅。故政也者，所以正人之不正也。兹因吾党近来人心不古，不习正业，不遵古训，鼠窃崛起，肆行无忌，风俗颓败已极。若不立规复振。恐其下流无底。是以合党会集公议，新立严规，仍然复古淳风善俗也未可知。自后再有不悛蹈辙违规犯禁者，一经查出，与犯禁之例加倍；撞获指名扬声报信者有赏。无论强弱众寡齿长幼少概行处制，决不容情宽贷。如有恃强藉众倚势违规莫制者，会众公议呈公究办。为此清规各宜格守嫌疑是别自无过犯。恐口无凭立此禁约通知。

谨将禁规裁开于上。

——窃五禾罚钱五两。

——窃苞芦每节罚钱一钱。

——获斧锯罚钱二两。

——窃瓜茄、菜蔬罚钱五钱。

——窃竹笋、棕皮罚钱一两。

——窃水果、花利罚钱五钱。

——获柴刀罚钱五钱。

——获柴爬（箟）、柴篮罚钱一钱。

——盗家内衣物器皿一切并穿窬挖墙公议责罚。

——撞获卖放不报加倍甘罚。

——获赃指报信者赏钱一钱。

——逐条所罚之钱除赏仍存入桥梁公用。不得怀私射利

禁约通知。

族规家法也属于村规民约的范畴。绩溪的《鱼川耿氏宗谱》定有"惩戒规则"，《祠规》中对犯有以下五种事项者，即"一不孝不悌者，二流为窃盗者，三奸淫败伦者，四私卖祭产者，五吞众灭祭者"，均予以"斥革，不许入祠"的惩罚。

据《徽州千年契约文书（宋元明编）》第四卷，明崇祯年间，徽州某地的胡氏义和堂，因宗族成员胡五元、胡连生违反"国法"，"不务农业，不安生意，小木走跳，来往踪迹不定，难为稽查"，在被告于官府拘提后连夜逃脱，该族胡天时等二十二位族人联名订约，将胡五元、胡连生驱逐出村。这种应对之举，体现出村规民约"尊国法"的宗旨。

这件文书约定的内容如下：

立文书人胡氏义和堂，本族人等齐心遵祖旧规，今因五

元、连生不务农业，不安生意，小木走跳，来往踪迹不定，难为稽查。旧因詹三阳以贼禀官，差捕快汪礼、李太、周标、方资同里长汪毛旧腊廿七日拘提。讵五元、连生诡计，至焦坑，将□□□四分钱贰伯文、布乙疋、雉贰只，贿差脱放。本族人等并不知情，今期清明节届，人丁近出生意者皆齐拜祖扫祖茔。是以内有闻风者通众相议，合族人等遵旧家规，捉拿送县主老爷台下法治。其五元等连夜逃走，是以众议，如有见者并知信者，即报众捕捉送理，家口遵祖旧规，赶逐出村，庶免败坏门风，枉法累连。如有知信见者不报，众罚银叁两，入匣公用。如有卖法徇情者，亦赶逐出村，不许在族坏法无词。众立文书，连名歃血，永远存照。

崇祯拾壹年二月二十四日

立文书人

胡天时（押）　胡五毛（押）　胡有瑚（押）　胡天节（押）　胡有瑞（押）

胡有相（押）　胡天喜（押）　胡大儒（押）　胡有象（押）　胡天明（押）

胡六毛（押）　胡大瑢（押）　胡天晓（押）　胡大侃（押）　胡有琼（押）

胡高孙（押）　胡七毛（押）　胡大任（押）　胡宗朝（押）　胡有珊（押）

胡大有（押）

在徽州境内，异姓宗族之间也通过契约进行着有效的合作。对于相关的开销花费，他们通常实行合作分担或者轮流承担的方式。通过签订契约，进行明确细致的安排，合作方式大多比较灵活。

明初之际设立的粮长，主要负责税粮的催征、经收和解运，有时还兼任民间调解、执掌乡政等职责。作为一项赋税徭役制度，到了明末清初，粮长制度逐渐由永充制改变为轮充制（轮换）和朋充制（帮贴）。后来，粮长由里甲委派成为一种趋势，有的地方则直接由里长或保长兼任粮长。

"上有政策，下有对策。"为了妥善处理这类事务，清顺治十七年（1660），歙县石门陈、程、朱三姓合作承充保长之役，并订立了合同（见图8-4）：

歙县廿五都一图

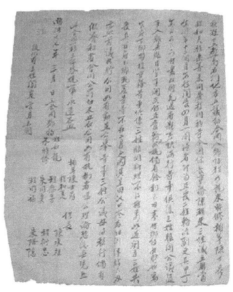

图8-4　清代歙县程如龙等人立乡约文书
（藏南京大学历史系资料室）

石门地方立议约合同人乡约

程如龙、朱时修、排年陈士鼎、程和美、程乐善、朱同庆、程同福等，今因保长重务，陈、程、朱三姓议立朋当。每周年十二个月，每姓阄管四月。一阄得者即为正管，二姓轮流副之。其甲丁每月出艮（银）二钱，付众收贮。凡遇府县差快海行等事，俱系三姓眼同公议，随手入账。其账目以上手开支付正管轮流收执，倘有余剩艮（银）两□付乡约收贮。如寓（遇）官府下乡勾摄重务等事，俱系三姓眼同料理，不得推委。如遇闰月，三姓共管。其官府下乡飞差等费，不在二月之内。其呈田、汊口、岭石旧例津贴艮（银）两，亦照前议收贮公用。如有动呈公举等事，三姓公议，毋得私行。倘有假（公）济私者，会同公罚白米五石公用。如有执拗者，鸣公理论。恐后无凭，立此合同一样三纸，各执一纸，永远存照。

排年陈士鼎 保长

顺治十七年三月 日立合同乡约

程如龙 程和美 陈承祖 朱时修 程乐善 程衍忠 朱同庆朱隆隐 程同福

后仍有三姓阄定管月未开

这份契约中的"艮"，应为"银"字的异体字。陈、程、朱三姓通过议定，一年之中，每姓通过抓阄充任保长4个月。以一姓负责主管，其他二姓作为副手协助管理。如遇闰月，则三姓共管。同时，还商定了费用收支、账目管理办法，以及对"假公济私者"和"执拗者"的惩罚措施。约定内容具体明确，易于执行。

此类通过协商一致、订立契约推进村民自治的做法，对于社会安定和维护乡土秩序起到了积极作用。虽然有些村规民约带有过分轻视个体权利和压抑人性等方面的历史局限性，存在违背法治精神的封建思想，但是，从整体上看，其中的合理成分很有价值，也为完善当代乡村治理体系提供了有益的借鉴。

徽州契约文书数量大、种类多、学术价值高，值得深入发掘和研究。这些宝贵的历史文献表明，长期以来，契约关系广泛而深入地融进了徽州社会的各个方面，契约意识在徽州早已深入人心。

"契约精神"，往往被视为西方文明社会的主流精神，所体现的是一种自由、平等、守信的精神。其实，"契约精神"并非属于西方的专利。众多的徽州契约文书中，注重规则，协商一致，讲究诚信，惩处违约，维护秩序，类似的主张，不是同样体现出"契约精神"吗？

九、法司大员"龚合肥"

　　古代的国法，也称"王法"，体现的是帝王的意志。清初社会矛盾趋于复杂，满汉冲突异常激烈。

　　这种背景下，如何做到既通晓律令、奉法办案，又能把儒家思想中慎刑、重民的思想融入具体事务中，成为司法官员无法回避的一道难题。

　　不昧良心、尽责尽力救吾民是龚鼎孳内心一直坚持的为官准则，不仅身体力行，而且积极倡导。

　　值得关注的是，龚鼎孳的义善之举通过其官员身份为之（某些时候甚至被清廷默许），客观上起到了缓和朝野关系、促进社会稳定的效果，有利于形成"双赢"乃至"多赢"的局面。这种应对之策，不仅顺应民心，也符合清王朝的根本利益。

在古代的一些官衙中，悬挂有"天理国法人情"的匾额。如何处理好情、理、法之间的矛盾冲突，实现三者的协调统一，不仅体现出一个官员的履职能力，而且反映出他的智慧，考验着他的良知。

明末清初之际，合肥人龚鼎孳声名远扬，人称"龚合肥"。龚鼎孳（1616—1673）（见图9-1），字孝升，号芝麓，晚号定山，谥端毅。

图9-1　龚鼎孳（《合肥历代名人》明信片之一）

龚鼎孳在诗歌方面颇有造诣，与钱谦益、吴伟业并称为"江左三大家"。清顺治年间，龚鼎孳官至刑部侍郎、都察院左都御史，康熙年间历转刑部、兵部、礼部三部任尚书。

清朝的许多制度基本沿袭了明朝的制度，通常被称为"清承明制"，也称"清沿明制"。明清两代，以刑部、都察院、大理寺为三法司。"刑部受天下刑名，都察院纠察，大理寺驳正。"（《明史·刑法志》）重大案件由三方共同审理，即俗称的"三堂会审"。作为司法界的一名高官，龚鼎孳在朝野颇负声望。

（一）"天性好生"

在法学界，谈到中国古代法律，有"法律儒家化"之说。其实，儒家学说对法制领域的影响，不仅表现在法律制度、法律条文方面，更重要的是在理念方面对历代读书人以及朝廷官员尤其是司法官员产生了重要影响。

顺治十年（1653），龚鼎孳受到重用，升任刑部右侍郎，成为"副部级"司法官员。到任不久，他就上呈《遵谕陈言乞赐采择以广皇仁以答天眷疏》（也作《遵谕陈言疏》），从"定罪贵乎按律也""折狱贵乎得情也""司审之规宜定也""决囚之制宜慎也""流徙之法宜酌也""词讼之案宜清也""收赎之例宜行也"七个方面一一陈言。同时，他还要求改变大小狱情"止有清字，而无汉字"等弊端以及满汉官员不平等的现象。

由于清廷大力推行崇满抑汉的民族压迫政策，满汉冲突严重。在满文（或称清文）作为"国书"的情况下，龚鼎孳等人要求将汉文也作为"官方文字"，既在谋求汉族官员和汉族民众的权利，改变满族官员一手操纵的局面，又在极力争取汉文字、汉文化在清朝的合法地位，其意义不可低估。

身为汉族官员，龚鼎孳不避忌讳，力图革除此弊，显然属于冒险之举。从文化拯救的层面来看，这种自觉行动，则体现了一个汉族士子的责任担当。

龚鼎孳的朋友钱澄之认为："以予观之，公（指龚鼎孳），古所谓仁人也。仁道甚大，儒者不易言之。然其可见于外者，必以爱人为之征。"（《龚端毅蕲水县生祠重新碑记》）

身为文人士子，龚鼎孳不仅深受儒家"仁政""慎刑"等主张的影响，而且富有爱民情怀，极具同情心。

顺治十一年（1654）五月，龚鼎孳升任都察院左都御史（别称"总宪"），成为监察机构的长官。任职一年期间，龚鼎孳上奏疏章过百篇，"其最著者有《敬陈职掌共砥勿欺》之疏，有《图治方殷综核贵收实效》之疏，有《推明德意》之疏，有《刑官万难汰裁》之疏，有《敬陈治平八事》之疏，有《海寇酿祸密疏》，有《暂停秋决》之疏"（严正矩《大宗伯龚端毅公传》），提出了许多洞察时局、革除政弊、改善民生的主张。

龚鼎孳的奏疏中，有不少涉及刑律方面的内容。如：在《直陈刑狱之失请亟赐清理以苏冤抑以召天和疏》（也称《清理刑狱疏》）中，他针对不依本律、滥刑、悬坐、淹滞、滥监、雷同、屡驳、株连等律法"八害"，建议清理律法之疏漏，以实现"问刑议罪，务期明允，勿枉勿滥，以简以平"；在《请恤妇女以广皇仁疏》（也称《请恤妇女疏》）中，龚鼎孳主张

"妇人不应轻禁",提出应拷决的犯罪孕妇应"待产后一百日拷决"、对入官从流的妇女不应监禁等建议。

在古代司法中,"宁失出,毋失入"的原则体现了儒家文化的影响。"失出",是指因疏忽将有罪判为无罪,或将重罪判为轻罪。"失入",则与之相反,即由于疏忽把无辜的人牵引入罪,或把轻罪判为重罪。二者虽然都偏离了法律,但在旧时司法实践中,"失入"由于失之于严苛过度,其危害往往大于偏向于从宽从轻处理的"失出"。

"治狱"之事异常复杂,尤其是面对疑难案件,难有绝对公正、准确无误的判决。显然,上述原则带有"两害取其轻"的导向。

封建专制体制下,皇帝的意志可以超越法律,皇权对法律制度拥有绝对控制权。在当时的司法实践中,有些官员刻意揣摩和迎合帝王意图,定罪量刑时偏于严苛,以规避官场风险。

龚鼎孳在《请宽失出以期平允疏》中,针对案审过程中存有"宁从重拟以作自全之计"的现象,对"但求免于驳参,于一己之功名无碍,而他人性命不暇顾"的人予以批评。依据《大清律》"若断罪失于入者,各减三等;失于出者,各减五等"的条文,即"失出"之罪轻于"失入"之罪的规定,建议除"徇情枉法,颠倒是非,故入故出,确有情弊可指者",对"拟罪稍轻,引律未协,及平反欠当,遗漏疏忽等项,概免参论",以使秉公办案的法司官员"无瞻顾之忧"。对此,皇帝谕示："这所奏事情著详议具奏刑部知道。"由此可知，龚鼎孳精通律例条文，注重依法办事，为切实管控"弊政"尽职尽力。

类似的奏疏还有《请复秋决以广皇仁疏》《请酌缘坐以恤株累疏》《遵谕再陈慎狱之要并指滥刑之弊疏》《严滥禁以苏民命疏》（见图9-2）等。

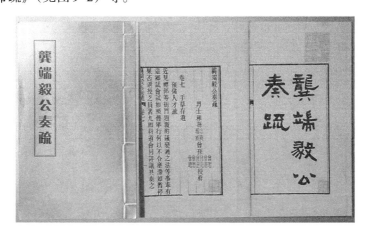

图9-2 《龚端毅公奏疏》

在上疏直言时政的同时，龚鼎孳为冤狱平反积极奔走。他不畏辛劳、严谨细致，认真处理每一起案件。

当时，周亮工授都察院左副都御史，成为龚鼎孳的副手。其《祝龚芝麓总宪序》有云："某忝从御史中丞后，属先生佐僚，先生抗疏，言时政得失，视昔益力。某亲见先生日必平反数十事，事虽奏，当有毫发疑必推驳至尽。至辍匕箸，展转含毫，获有生机后已。"

案件审理中，只要发现疑点，龚鼎孳绝不放过。即使已经定案上报，也要彻底推究，甚至在吃饭时放下碗筷，研究分析案情。落笔作出结论，则慎之又慎，务求为蒙冤者寻求生机。

康熙三年（1664）十一月，龚鼎孳主政刑部。刑部尚书别称大司寇，是掌管全国司法和刑狱的大臣。龚鼎孳曾经说过："予天性好生，非刑官不能生人。使吾为宰相，不如为是官之足以遂吾志也。"

执掌刑部时，他常怀恻隐怜悯之心，审核案件反复参详，发现冤情必为之昭雪。"每与同官争一案，自朝至暮不得当不止，而罪疑者往往得减死。尝岁终缄印。有诗云：'万事喜看人乍活，一年追数憾无余。'所喜足遂其志者，为此也。"（钱澄之《龚端毅蕲水县生祠重新碑记》）

显然，为"罪疑者减死"，主张"疑罪"从无、从轻、从宽发落，有益于维护民众权利，防止朝廷"苛政"的严重化与扩大化。

（二）救助遗民

古代的国法，也称"王法"，体现的是帝王的意志。清初社会矛盾趋于复杂，满汉冲突异常激烈。

这种背景下，如何做到既通晓律令、奉法办案，又能把儒家思想中慎刑、重民的思想融入具体事务中，成为司法官员无法回避的一道难题。

在当时的法制体系中，是公正严明、执法如山还是听命权贵、枉法徇私，是法外施恩、网开一面还是严惩不贷、决不姑息，等等，司法官员的品行、思想观念以及在实际操作中对"自由裁量权"尺度把控的宽严程度，对当事人造成的影响非同小可。

邓之诚在《清诗纪事初编》中写道："鼎孳为人，实无本末，唯好集令誉。时兵饷严急，赋敛繁兴，屡疏为江南请命，复请宽'奏销案'之被革除者。官刑部尚书，宛（婉）转为傅山、陶汝鼐开脱，得免于死。艰难之际，善类或多赖其力。又颇振恤孤寒。钱谦益所谓'长安三布衣．累得合肥几死'；吴伟业谓'倾囊橐以恤穷交，出气力以援知己'。以是遂忘其不善而著其善，得享重名，亦由此矣。"

长期以来，古代不少人惯于以狭隘的政治标准论人评事。作为改仕清朝的原明朝官员，在传统观念中，龚鼎孳被认为大节有亏。虽然对龚鼎孳"人品"并无好评，但在记述中，邓之诚对其德政与善举却加以认可。

其时，由于拒绝并且反对与清政府合作，遗民人士时常因涉嫌"谋反""叛乱"而受到打击迫害。在清政府看来，遗民问题"事涉满汉"，是大是大非的政治问题。

作为司法界的高官，龚鼎孳顶住政治压力，力图减轻当时某些"恶法"以及由此形成的弊政与暴政给民众造成的伤害。

龚鼎孳明知为遗民说话办事触犯了满族权贵的利益，可能会受到严厉惩处，但是，他依然把善待他人、护佑生命作为自己的选择。一些遗民逸士在遭遇牢狱之灾甚至性命之虞时，得到过龚鼎孳营救。

当时，朝廷强令遗民出仕，这种"高压政策"可能危及归隐士子的性命。龚鼎孳对此竭力劝阻。在上疏中，他大胆建议朝廷："仕止进退之间，不妨渐从其适，使天下知朝廷所贵者，在乎廉静寡欲之士，而不在乎喜事躁进之人。"（《条陈吏治疏》）

顺治十年（1653），陶汝鼐身陷叛案，论以死罪，时任刑部侍郎的龚鼎孳竭力周旋疏通，为之开脱。

顺治十一年（1654），傅山（见图9-3）受到山西谋反案牵连，龚鼎孳当时身为都察院左都御史，全力营救，审讯后以"实不知情"使其获免。

傅山（1607—1684），初名鼎臣，字青竹，后改青主，别号甚多，如真山、公它、浊翁、石道人、青羊庵主、红叶楼主、不夜庵老人、观化翁、龙池道人等，山西阳曲（今太原市）人。其学问精深，经史之外，又长于书画医学，为明清之际思想家、书法家、医学家。

鼎革之后，傅山易服为道士，常着朱衣，人称"朱衣道人"。他一直以明遗民自居，因牵涉反清活动，身陷"朱衣道人案"。

顺治十一年（1654）三月，反清复明人士宋谦（湖广黄州府蕲州生员，清兵入关后投南明永历帝，封总兵官职）在山西、河南一带组织武装起义，因行动败露被捕。他在严刑下变节，供认"朱衣道人"傅山与萧峰、朱振宇、张锜等为知情人，参与了起义的组织策动。这起"谋叛"大案惊动了朝野上下，顺治皇帝多次过问。

宋谦被奉旨"正法"一个月之后，其所供涉案人员相继被缉拿擒获。当年六月，傅山与其子傅眉被捕下狱，其弟傅止也被传讯提审。

事涉"谋叛"之案，属于重案，统治者往往"宁可错杀，不可放过"。无论是否真正参与，涉案人一旦承认就是死罪，还会株连亲友。

作为具有重大嫌疑的要犯，在审讯中，傅山遭受了严刑拷打。他咬定牙关，拒不招认，一度绝食抗议，要求与宋谦当面对证。但是，宋谦此前已被处死，傅山因证据不足难以被定罪。

出于同情和敬重，在审理过程中，时任山西布政司经历的魏一鳌（当时归乡为父守丧）冒险为傅山多次作证，太原知府边大绶、山西巡抚陈应泰及其幕僚纪映钟（与傅山、龚鼎孳交好，晚年入幕龚府）等人相继为傅山斡旋开脱。

在多位好友的营救和相关官员的有意回护之下，案情出现转机。最终，傅山所述被宋谦供出而牵连此案的原因，即因拒绝见面合作导致宋谦怀恨在心、挟仇诬陷，得到了地方官府和

图9-3　傅山《寄龚鼎孳诗翰》诗轴

朝廷的认可。审判结论中，还堂而皇之地引用顺治皇帝"不得连累无辜"的谕旨。为意在体现"无枉无纵"，受多方面因素影响，傅山被免于罪责。

顺治十二年（1655）七月二十二日，傅山被释放出狱，其子傅眉则提前于除夕之时获释回家。处于当时社会矛盾和民族冲突比较激化的政治环境中，傅山遭遇如此劫难却幸免于死，实属难得。

在此案的审理中，相关官员所遵循的办案原则与现代法治的"无罪推定"理念甚是相近。这种古代司法实践中所体现的法律思想，是对"善治"的崇尚和追求，具有一定的先进性。

《清史稿·文苑传》称："傅山、阎尔梅陷狱，皆赖其力得免。"另据《霜红龛集》："金陵纪伯紫、合肥尚书龚公救之力，事白得释。"有关研究普遍认为，在清政府中，当时位高权重的龚鼎孳是营救傅山最为得力的人。

因为此类事件，龚鼎孳受到顺治皇帝"点名批评"。顺治十二年（1655）十月，顺治皇帝下诏，指斥龚鼎孳"偏执市恩"，偏袒汉人，"若事系满洲，则同满议，附会重律；事涉汉人，则多出两议，曲引宽条"，认为其"不思尽心报国"，被降八级调用，后又连续被贬，长期受到冷落。

再度担任要职之后，龚鼎孳一如既往，继续为遗民士子提供帮助。康熙四年（1665）八月，山东名士丁耀亢被人告发，言其所著小说《续金瓶梅》含有讽刺清政府之意，由此身陷牢狱。龚鼎孳四处奔走，并与其他大臣联名上书为其辩白。经龚鼎孳等人积极营救，朝廷诏命焚毁《续金瓶梅》，将丁耀亢赦免释放。

对于龚鼎孳的救命之恩，丁耀亢铭记在心，充满感激之情。在《龚大司寇招同阎古古、白仲调、纪伯紫夜即席分韵十首》诗中，他写道："赎身无地酬平仲，急难何时报信陵。"把龚鼎孳比作春秋时期爱国忧民的齐国名相晏子（字平仲）和战国时期礼贤下士、急人之困的魏国公子魏无忌（信陵君）。

作为抗清志士，阎尔梅负案在身，长期流亡。康熙四年（1665）冬，阎尔梅潜入京都求救。经过龚鼎孳等人的周旋疏通，上疏得允，案件了结，皆大欢喜。

阎圻《文节公白耷山人传》记述此事云："刑部龚尚书，山人（阎尔梅）故友也。辄力为解，自矢曰：'人生贵识大义，某岂恋旦夕一官，负天下豪贤哉！夫以忠义再罹难，吾不能忍矣。'乙巳十二月十一日特书题释。"

乱世之中，众生皆苦。龚鼎孳以一己之力冒险救助"弱势群体"，这种举动与那些刻意迎合帝王意图的"奴才"以及心狠手辣的"酷吏"形成了鲜明的反差。

（三）请宽奏销

"奏销案""哭庙案""通海案""科场案"和"明史案"，合称为清初五大案，是清政府为打击江南地区反清势力而采取的举措。

当时，清朝统治者"以故明海上之师，积怒于南方人心之未尽帖服，假大狱以示威，又牵连逆案以成狱"（孟森《明清史论著集刊正续编·奏销案》）。

这一系列政治事件牵连众多，影响深远，令无数士子胆战心惊。龚鼎孳的部分诗作反映了相关案件给江南民众造成的严重创伤。

顺治十八年（1661）九月，大学士金之俊因丧妻告假归乡，龚鼎孳等人为其送行。在《送太傅息斋先生假归吴门·其二》中，龚鼎孳写道：

三吴消息近如何，砧杵声中野哭过。

投瓯已怜游士尽，算缗徒讶赭衣多。

鱼龙旧垒缘江戍，箫鼓高城横海戈。

流涕慰安诸父老，主恩开府戒骊珂。

“投瓯”意谓臣民向皇帝上书，当指“哭庙案”；所谓“算缗”，即税收法令，则指“奏销案”；“鱼龙”一联，或指“通海案”。

诗中反映出江南士子接二连三遭受灾祸的情况，希望“诸父老”能够信任“主恩”，同时安慰他们，朝廷对地方官员已经有所申诫。

在此类事件中，龚鼎孳更为关注“奏销案”。奏销，指清代各州县每年将钱粮征收的实数报部奏闻，也指上报户部注销欠缴的钱粮。

江南地区一直以繁华富庶著称。清初，江南省（大致包括现江苏省、安徽省、上海市等区域）的赋税占全国的三分之一。由于赋税沉重，江南一带拖欠钱粮的现象比较常见。

《清稗类钞》记载：江苏巡抚朱国治“疏言苏、松、常、镇四府钱粮，抗欠者多，因分别造册，绅士一万三千五百十七人，衙役二百四十人。敕部察议。部议现任官降二级调用，衿士褫革，衙役照赃治罪”。

为了裁抑缙绅特权和压服江南地主，顺治十八年（1661），清廷借清理财政之名，以“抗缴钱粮”为借口，将上年未完成钱粮交纳的苏州、松江、常州、镇江四府以及江宁府溧阳县数以万计的官绅士子全部革黜，且大多刑责逮捕，这就是震惊朝野的"奏销案"。

当时，江南著名缙绅吴伟业、徐乾学、徐元文、翁叔元等人皆被罗织在内。顺治十六年（1659）殿试第三名进士（也称"探花"）叶方霭因欠一文钱，亦被革黜，故民间有"探花不值一文钱"之说。

康熙二年（1663）二月，龚鼎孳再次被任命为都察院左都御史。八月，龚鼎孳上奏："钱粮新旧并征，参罚叠出，那见征以补带征，因旧欠而滋新欠。请将康熙元年以前催征不得钱粮，概行蠲免。有司既并心一事，得以毕力见征；小民亦不苦纷纭，得以专完正课。下部知之。"（《东华录·康熙》）。

康熙四年（1665）三月，朝廷下诏："凡顺治十八年以前拖欠钱粮，及官吏侵欺偷盗库银者，一概宽免。"

可能清廷也意识到此案再拖下去不好收场，于是准奏龚鼎孳的上疏。至此，令人闻之色变的"奏销案"告一段落，受牵连的千余江南士子得到宽解赦免。

虽说当时"奏销案"属于陈年旧案，但出头露面替江南士子说话，依然要冒很大风险。有人劝说龚鼎孳要出语谨慎，担心其被指涉嫌挟私、包庇江南士子，龚鼎孳毅然说道："以我一官，赎千万人职，何不可！"（《龚端毅公奏疏·传》）

因敢于为"奏销案"的涉案人士上疏请命，江南民众对龚鼎孳赞誉有加。董含《三冈识略》记云："大司马龚公特疏请宽奏销，有'事出创行，过在初犯'等语，天下诵之。"

（四）不昧良心

为官期间，龚鼎孳一直关注民生，屡屡为民请命。他的"安边筹策耕桑急，天意分明厌鼓鼙"（《送袁九叙少司马开府滇南》）、"揭竿扶杖尽赤子，休兵薄敛恩须终"（《岁暮行，用少陵韵》）、"健吏救时心欲细，遗民望活眼全枯"（《送园次出守吴兴次仲调韵》）等诗句也表达出忧国忧民之情。

山东莱阳人宋琬是龚鼎孳的同僚，二人关系密切。宋琬（1614—1674），字玉叔，号荔裳，顺治四年（1647）进士，官至浙江按察使、四川按察使。

宋琬两次遭人诬告，被捕后险些死于牢狱之中。他创作的杂剧《祭皋陶》是一部"苦戏"，即如今所说的悲剧。

这部剧作取材于《后汉书·范滂传》，写的是东汉末年名士范滂（字孟博）遭宦官陷害入狱，愤然向皋陶神像哭诉冤情。皋陶上达天庭，范滂得以平反，出狱后离家学道而去。

或许是与自身经历密切相关的缘故，宋琬对这部剧作十分珍视，甚至颇为自得。康熙十一年（1672），宋琬重新被起用。赴任之前，他邀龚鼎孳、梁清标（苍岩）、王士禄（西樵）、王士禛（阮亭）、汪懋麟（蛟门）等人观看《祭皋陶》。

龚鼎孳为剧情所感染，写下了《蝶恋花·和苍岩、西樵、阮亭、蛟门饮荔裳园演剧》（二首），其二云：

铁拨鹍弦眉总缬。青史人豪，慷慨鸣奇节。啼鴂一声芳草歇。仰天孤愤何由雪。

清泪樽前弹此阕。不待悲愁，春夜销魂绝。世事到头须了彻。琼楼正挂高寒月。

诗言志，词传情。对于宋琬蒙冤受屈的不幸遭遇，龚鼎孳感同身受，深表同情。不平之感，悲悯之意，安慰之情，尽在字里行间。

在《王铁山司马奏议小序》中，龚鼎孳写道：

论人于今日不难，救吾民则圣贤，虐吾民则寇盗，两言决耳。圣主视民如伤，群公赞佐治平，日犹不足，谓汤火终不可衽席者，未之前闻。夫天下者，郡国之积也，监司守令无秕政则百姓安，百姓安则元气固而朝廷尊。昔温公入雒，儿童、走卒皆举手相贺曰："司马相公活我！"其铁山先生之谓哉？余更有三言，正告天下之为民牧者，曰"良心"，曰"天理"，曰"王法"，愿与督抚诸贤硕共题（提）醒之。良心昧，天理灭，而谓王法之必可倖逭也，则司败者之责矣。

由此可见，不昧良心、尽责尽力救吾民是龚鼎孳内心一直坚持的为官准则，不仅身体力行，而且积极倡导。

其实，在情、理、法之间，一直存在着矛盾和冲突。比如，有史以来，类似"坏人"被"违法"杀死、"好人"被"依法"处决的现象并不少见。

但是，论天理，讲良知，追求良法善治，始终被正直有为的司法者所推崇。古今中外，从来如此。

著名的"柏林墙射手案"是在冷战就要结束、东西德即将统一的前夕发生的。1989年2月，20岁的东德青年克里斯·格夫洛伊与其同伴试图翻过柏林墙逃往西德。守卫柏林墙的东德士兵因格·亨里奇开枪射杀了格夫洛伊。

时隔不久，柏林墙倒塌，东西德统一。1992年2月，守墙士兵亨里奇受到了审判。他的辩护律师认为，根据前东德的法律，东德民众没有随意逃离自己国家的权利，士兵亨里奇开枪阻止格夫洛伊逃离东德的行为在当时是合法的，所以被告无罪。被告也辩解称，自己身为士兵，当时只是在执行上级的指令。

本案的主审法官西奥多·赛德尔没有接受被告方的辩解。在他看来，士兵向逃亡者开枪，确实是在执行东德的法律和上司的指令，他们只是处在那根很长的责任链条的最底层和最末端。但是，赛德尔也同时强调："不是一切合法的就是正确的。"当士兵代表政府或法律去杀害民众时，他没有权利忽视自己的良心，他不能对鲜活的生命无动于衷。据此，法官判亨里奇三年半徒刑，且不予假释。

后来，有人把法官关于本案的判决理由及其观点进行了演绎。根据媒体上广为流传的版本，主审法官在法庭上怒斥被告说："作为警察，不执行上级命令是有罪的，但开枪打不准则是无罪的。作为一个心智健全的人，此时此刻，你有权把枪口抬高一厘米，这是你应主动承担的良心义务。"此说似乎为了更清楚地诠释法官的见解。

规章制度被视为企业的内部"法律"，其前提必须合法。在上海市发生的一起"为父奔丧被辞退案"曾受到广泛关注。因父亲病重，上海某物业公司保安王某于2020年1月6日向其主管提交请假单，请假时间为1月6日至1月13日。

随后，王某赶回安徽老家。次日，因公司未准假，王某返回上海。回程途中得知父亲去世，王某向其主管汇报后，回家料理后事。1月14日，王某返回上海，并于次日起开始上班。因为做二休一，其间涉及6个应出勤日。

根据该公司《考勤管理细则》，员工请事假连续三天以上（含三天），需经公司领导批准；员工累计旷工三天以上（含三天）者，视为严重违反公司规章制度和劳动纪律，公司有权辞退，提前解除劳动合同并依法不予支付经济补偿。

2020年1月31日，该公司以王某累计旷工三天为由向其出具《解除劳动合同通知书》，称双方劳动关系自1月31日起解除。

王某认为公司解除劳动合同违法，于2020年3月申请劳动争议仲裁，要求公司支付违法解除劳动合同赔偿金。经仲裁委员会裁决，物业公司支付王某违法解除劳动合同赔偿金。物业公司不服，诉至法院。

法官认为：公司解除劳动合同，属罔顾事件背景缘由，机械适用规章制度，严苛施行用工管理，显然不当。根据事实情况，扣除丧假以及排除公司未及时行使审批权的原因，王某实际旷工日并未达到公司规章制度所规定的可以解除劳动合同的条件。公司构成违法解除劳动合同，理应支付赔偿金。后经二审，维持原判，物业公司败诉。

通常情况下，纠纷的处理结果出现明显问题，或者是规则不合理，或者是执行有偏差。诚然，作为一个称职的法官，必须执法严明，秉公办事。但是，司法不应背离法律，也不应背离人情与人性。如果习惯于照搬照套，不能做到"能动司法"，只是冷漠地、麻木地、机械地甚至粗暴地执行法律，这样的人肯定无法担负起一个司法者应有的使命。

另据相关媒体消息，2022年10月，因疫情严重，在居民区被封控期间，河北保定一男子为幼子购买奶粉要求外出未获准许，情急之下持刀闯卡，引发社会关注。公安部门认为，该名男子因驾车持刀闯卡违反了相关法律规定，并造成一定程度社会危害性，但考虑其特殊情况，仅对当事人处以罚款100元的行政处罚。此后，警方还给他家送去了两罐奶粉。

法律不容冒犯，人文关怀不可或缺。在这起事件的处理过程中，执法者体现出该有的共情心与同理心，其冷静的处理方式以及包容态度得到广泛好评。相关报道称："持刀闯卡应被罚，赠送奶粉有温情。"

有学者认为：在古代社会，人们很自然地把"法"看成"法上之法"（"天理"）、"法中之法"（"法律"）、"法外之法"（"人情"）的总和。或许，我们也可以理解为，中国传统社会的"法"，是自然法、成文法与习惯法（民间法）的统一。

这种"综合法"的传统观念，不可避免地与法律意识淡薄、滥用人情、严格的封建等级制相关联，具有历史局限性。但是，从积极的意义上来看，追求情、理、法的统一，体现了人们在立法修法层面对"良法"的呼唤、在司法层面对"善治"的追求，以及对"和谐"社会的美好向往。

人们常说"法不容情"，意思是司法官员应当不徇私情，不过并非让其在执法中放弃情感温度。虽然法律条文显得有些"冰冷"，但是，在司法、执法的过程中有必要注重民情民意，在坚持理性化的同时彰显人性化，系统化地思考和处理相关问题。

而且，即使在现代社会，由于各种原因，有些法律有待修订完善，有的法规已经过时但未能及时废止，个别法律条款过罚不当等，这些缺陷都需要在司法实践中通过相应的程序、采取相应的措施进行纠偏。

实际上，在兼顾权衡天理、国法、人情之间的关系时，需要司法官员有格局，有情怀，有远见，有担当。

在传统观念中，"伤天害理"的事是不得人心的，"无法无天"者是罪不可恕的。由此不难发现，与国法、人情相比，天理的位置显得更为重要。

讲天理，意为顺从天意。天道、天理、天意等概念，比较抽象，比较理论化，似乎难以把握。但是，"天地"与"良心"、"天怒"与"人怨"通常联系在一起。

《尚书·泰誓上》云："民之所欲，天必从之。"意为：民众的意愿，上天必然会顺从。《尚书·泰誓中》云："惟天惠民，惟辟奉天。"意思是：上天惠爱黎民百姓，君王应当奉行天意。由此看来，那些古圣先贤早就认识到，天意就是民心。

是否符合"天理"，关系到人心向背，关系到"最大的政治"。由此，我们更应增强对"人民性"重要意义的理解。

注重"天理"，实质上就是强调关爱民众，目的在于凝聚人心。面对"天理、国法、人情"，作为司法人员，能否把"天理"置于应有的高度，是其"司法观"的综合反映，体现出其世界观、人生观和价值观。

值得关注的是，龚鼎孳的义善之举通过其官员身份为之（某些时候甚至被清廷默许），客观上起到了缓和朝野关系、促进社会稳定的效果，有利于形成"双赢"乃至"多赢"的局面。这种应对之策，不仅顺应民心，也符合清王朝的根本利益。

其实，化解敌对情绪、争取异己分子与无情打压、严酷威逼，可谓殊途同归。康熙年间，先前一再遭贬的龚鼎孳再获朝廷重用，可能与他这种擅长"统战工作"的特殊影响不无关系。

人们常说"人在做，天在看""头顶三尺有神灵""善有善报，恶有恶报"，这些观念与传统的神明崇拜以及宗教信仰的影响密切相关，也提醒世人敬畏神灵、敬畏祖先、敬畏生命、敬畏天地自然。

对古代司法者来说，这种因素有利于他们加强自律，慎用权力，有所不为，公正执法。

顺治十三年（1656），龚鼎孳奉使颁诏粤东，年末抵达。入粤之后，他主动与当地的遗民、才士结交，声望和影响力也由此辐射到岭南一带。

其《人日，同张登子、邓孝威游海幢寺访澹归上人》（二首）作于顺治十四年（1657）正月初七，其二云：

> 尽收残泪卧空山，铁甲风霜只影还。
> 天外赭衣飞战血，井中青史问柴关。
> 团瓢世隔文难隐，出处心伤鬓已斑。
> 他日诛茅参半偈，可容同卧竹坪间。

诗句之中，道出了澹归半生的身世与心事。澹归（1614—1680），本名金堡，字卫公，别字道隐，浙江仁和县（今杭州）人。崇祯十三年（1640）进士，授山东临清知州，不久即辞职归乡。明亡之后，参加抗清活动。后在南明党争中被诬下狱，遭到严刑拷打，以致左腿致残。顺治七年（1650），出家为僧，初取法名性因，又号今释，字澹归。逃禅之后，潜心向佛，主持广东韶州丹霞寺，成为一代高僧。著有《遍行堂集》《遍行堂续集》。

此次南下，应龚鼎孳相邀，邓汉仪与之同行。其《诗观初集》卷五中，收有澹归《人日，龚芝麓、邓孝威、张登子垂访海幢寺奉和》一诗。诗后有跋语曰：

> 澹公学佛，最为勤苦。谓定山（龚鼎孳）曰："公等济世爱民，是慈悲大菩萨，如贫衲不过是自了汉，海幢稍乱，即往雷峰矣。"留诗珍重而别。

此时，龚鼎孳身为清廷官员，澹归作为反清的僧人，竟然称其为"慈悲大菩萨"。此言虽为客套话，是溢美之词，但表现出敬重之意。由此可知，龚鼎孳得到了社会上广泛认可。

十、引人深思"六尺巷"

传统社会中，人们推崇"德礼为政教之本，刑罚为政教之用"（《唐律疏议·名例》）。社会名流一向注重自身形象，讲求的是"以德服人"。

作为官员，家人陷入官司之中，一旦输了，有失颜面；即使赢了，也无法摆脱"官官相护"之嫌，难免受到社会舆论的谴责，甚至可能遭到政治对手的弹劾。

胜之不武，让之有德。在这种情境下，对于诸如"六尺巷"故事中的朝廷大员来说，做出退让之举无疑属于明智的选择。官员率先垂范，自然会起到上行下效的作用。

无独有偶，在徽州黟县，流传着"作退一步想"的故事。与"六尺巷"的内涵相类似，"作退一步想"，浓缩了一种高明的处世之道和通达的人生态度，体现了古徽州"谦让和合、豁达通融"的文化精髓，以及前人注重自律、慎纷息争的人生智慧。

（一）"六尺巷"

一纸书来只为墙，让他三尺又何妨？

长城万里今犹在，不见当年秦始皇。

这首有关"六尺巷"的小诗可谓家喻户晓，相传为康熙年间官至文华殿大学士兼礼部尚书的张英所作（见图10-1）。

图10-1 张英诗石刻

据桐城派作家姚永朴《旧闻随笔》所记，远在京城的张英收到一封家信，称祖宅旁的空地被邻居吴氏越界用之。家人驰书意在请其干预，张英赋诗回复。家人知其意，遂让三尺。吴氏感其义，亦退三尺。于是，两家为过路者留下一条便于通行的巷道，"六尺巷"因而得名（见图10-2）。

图10-2　六尺巷

张英的打油诗简明易懂，深入浅出，寓意深长。前两句讲实，言明退让；后两句论虚，高谈古今。退后一步，眼前开阔，宽容自在；站高一步，目及长远，襟怀博大。心胸大了，有些所谓的大事就变小了，就显得微不足道了。

闻名遐迩的"六尺巷"位于桐城市区西后街，巷南为曾经的张家府院，巷北为过去的吴氏住宅。宽约两米的巷道由鹅卵石铺就，全长100多米。两边院内的高大树木越墙相接，绿荫如盖。

昔日的宰相府和吴氏住宅早已不见踪迹，唯有两家的礼让之举成为美谈，世代相传。

从法治的视角看，这起土地产权纠纷的解决，堪称一次完美的和解。实际上，多地有着类似桐城"六尺巷"的传说。比如合肥的"龚万巷"、山东聊城的"仁义胡同"、河南安阳的"仁义巷"等，都是当事人因相邻土地使用产生了纠纷，后来双方相互退让和解，体现了礼让与和睦的主题。

故事中，耐人寻味的是，在彼此争胜的对峙中，位高权重的一方并不恃强凌弱，反而主动退让示好。这种举动，表现出古代朝廷大员重视为官声誉，以及不希望因个人利益而涉及"官司"的现象。在此类民间纠纷中，涉事家族中的高官充当了"调解人"的角色。

在利益面前主动退让，这种豁达大度的心境，与那些心胸狭隘者相比，形成强烈的反差。毕竟，总有一些人，为了蝇头小利斤斤计较，分毫不让，不惜撕破脸皮，动辄大打出手。更有甚者，巧取豪夺，鱼肉百姓，成为天怒人怨的黑恶势力。

实际上，相互让步妥协的"私了"也好，诉至公堂的"公断"也罢，都是解决纠纷、化解矛盾的有效方式。

可是，真正打起官司，难免需要付出一定的诉讼成本。况且，令人纠结的是，不仅费神费力、费时费钱，判决结果却未必确定。

若是取证困难、情况模棱两可，即使遇到所谓的"清官"，也只能"各打五十大板"，稀里糊涂审理，不明不白结案。如果碰到贪腐之辈，"有理无钱莫进来"，无论原告被告，拼的是财力，是"后台"，由此导致办案的过程和结果，已与真实的案情相距甚远。侥幸赢了官司，也难以笑到最后，往往是输了"关系"，伤了和气与感情。更何况，还存在"执行难"的问题呢。

由于多方面因素的影响，古代民众对于诉讼之事普遍心存畏惧。明人王士晋在《宗祠条规》中就表达了这样一种心态："太平百姓，完赋役，无讼事，便是天堂世界。盖讼事有害无利：要盘缠，要奔走；若造机关，又坏心术；且无论官府如何廉明，到城市便被歇家（指旅店店主）摄弄，到衙门便受胥皂（指师爷、衙役）呵叱；伺候几朝夕方得见官。理直犹可，理曲到底吃亏；受笞杖，受罪罚，甚至破家，忘身辱亲（意为忘记了羞耻，又使父祖蒙羞），冤冤相报害及子孙。"

文中较为详尽地阐述了涉及诉讼的种种不良后果及其危害，表现出对于诉之公堂的不佳预期。毕竟，在旧时难以保证公正公平的司法环境中，诉讼很可能给当事人带来"二次伤害"。

传统社会中，人们推崇"德礼为政教之本，刑罚为政教之用"（《唐律疏议·名例》）。社会名流一向注重自身形象，讲求的是"以德服人"。

作为官员，家人陷入官司之中，一旦输了，有失颜面；即使赢了，也无法摆脱"官官相护"之嫌，难免受到社会舆论的谴责，甚至可能遭到政治对手的弹劾。

胜之不武，让之有德。在这种情境下，对于诸如"六尺巷"故事中的朝廷大员来说，做出退让之举无疑属于明智的选择。官员率先垂范，自然会起到上行下效的作用。

无独有偶，在徽州黟县，流传着"作退一步想"的故事。

西递的"大夫第",是清代开封知府胡文照的祖居所在,后因其官至四品而得名(在清代,大夫是对五品以上文官的统称)。胡文照后来辞官归隐,修缮老房子时,为了方便乡邻人来车往,主动将正屋墙角削去三分、裁直为圆,临街阁楼也退后一步,并在门额上亲笔题写五个篆体字"作退一步想"。这种舍小利、顾大局的做法被村民纷纷效仿,随后的建房者主动后退一些,与胡文照的临街阁楼齐平,形成了徽州版的"六尺巷"。

与"六尺巷"的内涵相类似,"作退一步想",浓缩了一种高明的处世之道和通达的人生态度,体现了古徽州"谦让和合、豁达通融"的文化精髓,以及前人注重自律、慎纷息争的人生智慧。

(二)"无讼"

在中国古代社会,儒、道、法、释等多家学说都曾发挥过重要作用。但是,从整体上看,传统的法律思想更多地接受了儒家的影响。

孔子说过:"听讼,吾犹人也。必也使无讼乎。"(《论语·颜渊》)朱熹《论语集注》引范氏言曰:"听讼者,治其末,塞其流也。正其本,清其源,则无讼矣。"

儒家向来倡导"重义轻利",所谓"义"即伦理纲常,所谓"利"则指个人权益。显然,儒家学派并不主张人们为了个人利益而对簿公堂，而是希望通过道德教化使当事人养成自行和解的习惯，以期实现"无讼"（或称"息讼""止讼"）的目标。

受此影响，历代统治者往往刻意在司法实践中贯彻"无讼"思想。在他们看来，兴讼是道德低下的行为，如果某地诉讼数量多，就是社会不稳定、世风日下的表现，也反映出当地官员施教不力。更关键的是，如果民间争端频繁、冲突激烈，有可能导致社会动荡，乃至威胁到执政统治。

同时，中国的传统社会形态表现为"熟人社会"。人员流动少，人情关系错综复杂，讲伦理、重情面已然成为一种风气。人们普遍认可"道义为重"，热衷于追求"和为贵"。由此产生的后果是，讲义务多、讲权利少，重公权、轻私权的现象尤为突出，个体权益往往得不到应有的保护。

于是，与伦理道德相比，包括法律在内的其他方面都处于次要的位置。在礼义面前，在强调整体和谐的前提下，个人的是非得失以及个体之间的利益冲突普遍不受重视。对于当事人之间的矛盾纠纷，牵头处理者往往习惯于大事化小，小事化了，偏重息事宁人，对结果是否公正合理反而不大在意。

在专制集权统治下，帝王与朝廷官员也希望他们的统治能够得到广大民众的认同与服从。民间讼争的减少，意味着社会安宁，政局稳定，即他们企望达到的所谓"政通人和"的良好局面。

然而，如果在道德层面过于苛求，甚至将其演化成一种道德洁癖，把理想与现实混为一谈，难免弄巧成拙，势必导致弄虚作假现象的发生，也极易被人"道德绑架"，被人恶意利用，步入舍本求末的歧途之中。

中国的诉讼制度由来已久。早在西周时期，就有"狱"（刑事诉讼）与"讼"（民事诉讼）的区分。但是，相对于比较完善和成熟的刑事诉讼制度，中国古代的民事诉讼制度显得非常落后。在传统的法律体系中，刑事规范一直处于主导地位，民事法规不仅数量少，而且缺乏独立性。这种现象，人们称之为"重刑轻民"。

对于古代社会"重刑轻民"的成因，有学者认为，自然经济的主导地位和商品经济的落后是其根本的经济原因；维护君主统治与宗法等级制度是其现实的政治原因和社会原因；重农抑商政策是其直接的政策原因等。

在古代法律中，"诸法合体，以刑为主"，民事法律方面的内容鲜有规定。从湖北发现的云梦秦简来看，秦代的法律大部分内容属于刑事法规，只在《工律》《金布律》和《法律答问》中散见一些关于民事主体、所有权、债权和婚姻家庭方面的民事规定。唐朝的《唐律疏议》共十二篇，涉及民事法规的仅是《户婚律》和《杂律》两篇的一部分，以及《贼盗律》和《斗讼律》的个别条文。直至明清时期的《大明律》和《大清律例》，这种现象仍然沿袭。

旧时的法律制度，除了抑制民事诉讼、限定越级诉讼、民事诉讼的审级偏低等方面的规定外，民事责任也采用刑罚制裁。比如，在《唐律疏议》中，禁止随意出卖田地。《户婚律》规定："诸卖口分田者，一亩笞十、二十亩加一等，罪止杖一百。"婚姻方面，禁止良贱通婚和同姓通婚。《户婚律》规定："诸与奴娶良人女为妻者徒一年半"；"同宗共姓，皆不得为婚，违者各徒二年。"甚至对逾期不履行债务以及田宅重叠典卖者，也都以"笞""杖"刑处之。

民事制裁的刑事化，表现出古代社会民事法律的落后。面对严酷的刑罚制裁，一些身陷民事纠纷的当事人不敢贸然上诉。

一方面是来自儒家的"无讼"思想，一方面是专制统治者的"无讼"制度，双重高压之下，"讼则终凶"成为一种共识，不少人"屈死不见官，冤死不告状"，一系列"恐讼""厌讼"及"贱讼"的心理构成了古代人们对无讼主张的主要心态，并最终成为中国传统法制观念的重要组成部分。

作为一个治理目标、一种美好理想，追求"无讼"值得称道。没有诉讼固然是好事，但是，人为地限制诉讼，甚至指望民众因"厌讼"而放弃诉讼，并不能从根本上解决问题，更不能减少侵权和犯罪行为的发生。

其实，"无讼"的主张并非儒家所专有，道家"使民不争"的观点和法家"以刑去刑"的理念，显然也与之相类似。几家所言，最终目的都是定分止争，颇有些殊途同归的意味。

通过上述分析，不难发现，传统思想中"无讼"的理念及其实践，存在某些弊端，有违现代法治精神。但是，从积极的方面来看，在古代社会，推崇"无讼"，实际上是在强调礼义教化的同时，注重选择诉讼以外的纠纷解决方式，更加偏好发挥基层和民间调解机制的作用，以较为方便快捷的方式处理矛盾、解决纷争。

传统社会中，民事纠纷大多通过民间调解机制处理。有的纠纷由当地带有官方色彩的坊长、甲长、乡保等主持调解，有的则由亲族、乡邻进行调解，还有的当事人请交易活动的中间人进行调解。明朝还专门设有"申明亭"（见图10-3），要求"凡民间应有词状，许耆老里长准受于本亭剖理"

图10-3　徽州申明亭

（《大明律例集解附例·刑律》）。

由于调解主持人具有一定的权威和影响力，对当事人和案件的情况比较了解，而且熟悉当地的民俗和相关的乡规、民约等行为规范，通常情况下，调解的结果容易被各方认可并得到执行。正所谓"乡党耳目之下，必得其情。州县案牍之间，未必尽得其情，是在民所处，较在官所断为更允矣"（清袁守定《国民录·乡民和事是古义》）。意思是说，乡党对于纠纷的具体情况更为熟悉，所以处理起来会更加公允合情。

这种机制虽然谈不上先进，甚至在学界时常受到贬损，却有其合理之处。客观地看，倒也符合国情，接地气。从具体实施效果来看，程序简便，处理快捷，成本低廉，颇受民众认可。

（三）"好讼"

经济条件和传统的法律意识，往往对人们的诉讼观念产生较大的影响。与中国传统社会中民众的厌讼心理不同，西方民众在遇到社会纠纷之时通常更倾向于选择诉讼的方式加以解决，学者们一般将"无讼"型诉讼观念和"好讼"型诉讼观念作为二者的主要区别。

中国传统社会的重农轻商政策与"重刑轻民"的法律制度似乎有着某种必然的"工整"关系，表现出商品经济不发达与民商事法规不受重视之间的内在联系。满足于自给自足的农业经济，以及对商品交流的抑制性政策，把广大民众牢牢拴在了土地上。人口流动性降低了，经商的机会少了，与商业相关的诉讼纷争当然也就不多见了。

西方社会则不然，早在古希腊罗马时期，大多数国家就出现了以交易形式为特征的商品经济萌芽，交换逐步成为人们日常生活的一部分，各种契约关系随之常态化。商业的发达、交易的频繁，促进了人口的流动，由此也导致经济纠纷的增多。为了保护自己的利益，人们不可避免地选择诉讼方式处理相关问题。

从传统文化来看，与中国古代不同，在西方传统诉讼文化中，诉讼的价值取向在于通过适用法律实现正义。一些启蒙思想家提出一系列通过法律途径保护自己权利的思想，更多的人随之认识到诉讼的重要性，自觉运用诉讼手段解决各类纠纷。

古希腊思想家亚里士多德在《政治学》一书中指出："相应于城邦政体的好坏，法律也有好坏，或者是合乎正义或者是不合乎正义。"柏拉图的著作《理想国》的副标题即为"论正义"，主要围绕正义来阐述其法律、政治思想。其时，人们已经把"法"与"正义"紧密联系在一起。

到了古罗马时期，自然法思想得以萌芽并发展起来，正义开始被明确视为法的目的和衡量标准，适用法律的诉讼活动开始被认为是寻求和培植自然正义的活动，法官也被视为正义的传播者。

到了中世纪，神学思想统揽一切，法学也成为神学体系的一个分支，被诸多神学政治家以上帝的名义重新加以检视。此时，正义似乎成了上帝的一种意志，它通过永恒法、自然法和神法所体现出的理性为人定法的制定和执行指明了方向。

因此，在西方社会，正义女神（也称司法女神、法律女神）成为法治精神的象征。正义女神通常一手持天平，一手执长剑，双眼往往是紧闭着的，或者干脆是用布条蒙上的。其寓意为：天平代表公正，利剑代表制裁，闭眼或蒙眼则代表不受外界干扰的理性与无私。有的雕像背后刻有一句简洁的古罗马法律格言："为了正义，哪怕它天崩地裂！"

资产阶级革命胜利后，"法律至上""法律面前人人平等"等法治思想和法治国家的理念逐渐深入人心，诉讼作为人民实现正义的方法和手段也逐渐被广泛认可，上至政治更迭、官员选举，下至财产纠纷、交通肇事等，人们都愿意通过诉讼的方式加以解决。

由此，西方诉讼文化价值取向经历了从避免更大的恶、追求更大的善的"必要的恶"到案件增长迅猛、积案过多的"诉讼爆炸"的蜕变，并导致"好讼"文化的最终形成。

不过，西方由"好讼"所引发的"兴讼""泛讼"也表现出诸多弊端。一是审判资源不足以应对泛滥的诉讼，严重影响审判效率，导致积案增多。二是由于诉讼费用昂贵，诉讼过程耗费过多的时间与精力，干扰了正常的社会生活和政治活动。三是因为担心可能随时被卷入官司中，以致人人自危，对社会心理和价值观产生了负面影响。

针对"好讼"所存在的自身缺陷，西方社会努力寻求相应的对策。比如，英美等国鼓励和引导当事人利用"替代性纠纷解决机制"（ADR，也称"非诉讼纠纷解决机制"）处理争议。通过建立必要的制度，将第三方解决纠纷方式作为诉讼程序的环节之一，而把诉讼当作最后的救济手段，以减轻法院的诉讼压力，促进诉讼效率的提高。

这类新型的纠纷解决方式，除了传统的协商、调解、仲裁，还包括法院附设仲裁、简易陪审团审理、早期中立评估、小型审判或咨询法庭、聘请法官等新型方式。它的出现与发展不仅给特定纠纷的当事人，也给整个社会带来巨大的利益。

值得一提的是，类似的和解模式还被运用到刑事领域。为避免某些案件（主要是经济类案件）陷入旷日持久的僵局，出于减少诉讼成本、提高诉讼效率等方面因素的考虑，有些西方国家在处理此类案件时，往往不是选择更为直接的公诉方式，而是通过诉辩交易进行庭外和解。比如，由司法部门与涉案方达成"暂缓起诉协议"（DPA），涉案者在签署协议之后，可以有条件地避免被起诉或被采取强制措施。

由此，表现出中西方在解决诉讼纠纷的理念和方式上相向而行的趋势。

其实，在辨别比较中西法律文化差异性的同时，注重研究二者之间的相通性、互融性以及趋同性，有着更为重要的现实意义。

有报道称，2023年2月16日，国际调解院筹备办公室在香港正式成立。在此之前，由中国牵头、多国共同签署了《关于建立国际调解院的联合声明》。国际调解院是世界上第一个以"调解方式"解决国与国之间纠纷的国际组织，旨在打造一个公正高效专业的国际调解机构。成立国际调解院的初衷，就是要通过协商来处理地缘纠纷，以互惠共赢代替你输我赢的冷战式解决思维，为众多发展中国家提供一个解决问题的新渠道。显然，此举属于解决国际争端的中国方案，体现了中国智慧。

（四）"诉调对接"

西方诉讼文化中，虽然以"好讼"为主导，但是"无讼"观念也具有一定的空间。

据陈中绳《英美法律谚语和俗语》，在一些西方国家有很多流传至今的法律谚语。例如，"息讼乃国家之福""吃亏的和解也比胜诉强""友谊始则诉讼息""好诉者将饱尝涉诉之滋味""打官司耗时，耗资，牺牲休息，牺牲朋友""律师自己不打官司"，等等。由此，可以看到中西诉讼观念在"厌诉"方面的暗合之处。

中国传统诉讼观念虽说以"无讼"为主流，但是，现实生活中不可能没有争讼。清代著名经学大师崔述认为："自有生民以来莫不有讼也。讼也者，事势所必趋也，人情之所断不能免也。"又说："两争者，必至之势也，圣人者其然，故不责人之争，而但论其曲直。"（《无闻集·讼论》）因此，在有的朝代或有些地区，也相对出现过"好讼""健讼"的现象。

"好讼"风行，也容易引发"碰瓷"类、"钓鱼"式等恶意诉讼的发生。比如，在有些地区，讼争的性质"大多不是出于维护自身的正当权利，而是为了侵蚀或牺牲对方的利益，以貌似合法的手段达到非法的目的"。

按现代观念，"好讼"可以视为人们法治观念增强和民众依法维护自身权利的表现，也反映了社会的进步。但是，旧时出现的争讼不休、讼风甚炽等现象，不能排斥司法者消极懈怠以及世风刁钻的一面。

其实，对于"无讼"与"好讼"，不能简单而绝对地评论其是非。客观地说，二者各有利弊。

和解、调解、仲裁、诉讼，皆为解决纠纷的方式。当事人无论选择何种方式，都具有其自主性及合理性。

也许，诉讼与否不应作为评价社会是进步还是落后的标准，纠纷解决方式的选择也不应成为考量"法治"还是"人治"的特征。

即使在现代社会，如果当事人能够在诉讼之外，通过平等协商达成和解，都应该被认为是一种更为积极有效的解决纠纷的方式。毕竟，司法实践中，固然要坚持公平正义这些法律原则，在此基础上，也有必要考虑司法效率、司法成本等方面的因素。况且，法律的终极使命是维护社会秩序。

事实上，国内的一些地方法院注重创新，深入探索多元化纠纷解决机制，积极推动诉讼服务中心提档升级。健全完善诉讼与调解对接制度，规范诉前调解工作，实现调解和审判工作的融合。通过聘请特邀调解组织、特邀调解员，推广网络在线调解、律师专业调解等形式，建立案件速裁"绿色通道"，多措并举，使"繁案精审、简案快审"成为现实。

安徽省法院系统通过探索尝试，总结出"吸纳各方力量打出组合拳""互联网+纠纷化解模式""六尺巷调解工作法"以及"'听、理、劝、借、退、和'的'作退一步想'六字工作法"（即"细听陈述、理清症结、悉心规劝、借古喻今、各退一步、握手言和"）等相关经验，取得了明显成效。他们在这些创新经验的基础上，强化制度建设，形成了可复制、可推广的司法为民的新模式。

这些做法，简而言之，就是能调解的尽量调解，该诉讼的必须诉讼。通过把调解与诉讼有机结合，以求趋利避害、有效解决纠纷。

不难发现，以上做法蕴含着古为今用的因素。注重把传统法律思想的精华部分与当代加强法治建设的社会实践相结合，类似的探索和尝试是有益的，应当充分肯定。

值得一提的是，作为反面案例，有一起"狗伤老人"事件与"六尺巷"故事可谓相互对应，反差强烈。

据相关媒体报道，2021年9月20日，河南省安阳市一位八旬老人在小区遛弯时被两只大型贵宾犬咬伤。老人的家属遭遇维权难的困境，求助多个部门没有得到有效解决，向媒体求助仍然无果。这起"狗咬人"事件后来登上热搜，发酵为全网关注的舆情热点，成了一则"大新闻"。有关部门为此成立了"狗伤老人"事件工作组，进行专项调查。两个月后，当地召开万人警示教育整顿大会，要求深刻反思"狗伤老人"事件，吸取教训，通报了对涉及此事件责任单位和责任人的处理决定。身为国家公职人员的狗主人受到党内严重警告、撤职处分，并调离执法岗位。

这起原本比较简单的民事纠纷，由于狗主人的骄横傲慢，因为多个部门的层层失守，以及矛盾纠纷多元化解机制未能落实到位，导致小事拖大，影响恶劣。其中教训深刻，令人深思。

有观点认为：诉讼——法制进步和法治文明的重要标志，调解——蕴含中华文化精髓和智慧的解纷方式；诉调对接——中国传统法律思想"礼法结合"的当代诠释和实践典范。

"包容无限大，和谐诗中藏。"这句歌词出自流传甚广的歌曲《六尺巷》。传统社会中，民风敦厚纯朴的一个重要表现就是乡邻和睦、彼此无争，这种现象成为一种美德，究其实质，则是矛盾化解措施的及时有效，是共赢目标的寻求与达成，是

"谦和""礼让"之举的蔚然成风。

　　道德层面与法律层面，彼此有别但又密切相关。只是，不容置疑的是，无论从哪个视角，"六尺巷"文化以及"作退一步想"精神都具有积极意义和传承价值。

十一、变法图强李鸿章

　　洋务运动涉及军事、经济、法制、教育、外交等诸多方面。其中，有关法制方面的变革是中国法律近代化的开端。

　　"自强之策，当及早变法。"李鸿章提出的变法主张，直接触动当时非常敏感的禁忌事宜，无疑需要非凡的勇气和过人的胆识。

　　受"强兵"至上思想的影响和制约，李鸿章的"变法"主张始终局限在"易兵制""变功令"等有限的范围内，不能发展成为全面推行经济改革的变法思想。

　　作为大清帝国的"裱糊匠"，以李鸿章为代表的洋务派主张对清朝法律的有限修补，注定解决不了封建制度固有的根本性矛盾。但是，他们所进行的尝试和探讨无疑是积极的、有益的，也带给我们可贵的历史性启迪。

美国法学家罗纳德·德沃金认为："法律是一种不断完善的实践。"法律总在一定的历史环境中产生，在一定的历史条件下演变和发展。

经过两次鸦片战争的失败，近代中国的门户已经被洞开。资本主义列强纷至沓来，华夏大地闭关锁国、孤立于世界之外的时代一去不复返。

面对"三千年未有之大变局"，为了提升综合实力，改变外患内乱的状况，自19世纪60年代起，清廷的洋务派官员掀起了一场旨在"自强""求富"的所谓"师夷长技"变革运动，前后长达三十多年，史称"洋务运动"，开启了中国近代化进程。

洋务运动涉及军事、经济、法制、教育、外交等诸多方面。其中，有关法制方面的变革是中国法律近代化的开端。

早在清光绪二十七年（1901），梁启超先生在《中国四十年来大事记·序例》中指出："四十年来，中国大事，几无一不与李鸿章有关系"，"读中国近世史者，势不得不口李鸿章"。

作为晚清时期的朝廷重臣，合肥人李鸿章（见图11-1）官至文华

图11-1　李鸿章

殿大学士、直隶总督兼北洋通商大臣，成为洋务运动的主要首领。他勇于开拓，在法制变革方面发挥了重要影响，其作为可以用以下几个关键词来概括。

（一）"稍变成法"

近代中国屡遭列强入侵，丧失主权领土；多次被迫议和，赔偿巨额款项。落后的军事装备，残酷的挨打现实，教训沉痛，让人警醒。

面对艰难时局，李鸿章忧心忡忡。在《复朱久香学使》中，他发出疾呼："外国猖獗至此，不亟亟焉求富强，中国将何以自立耶！千古变局，庸妄人不知，而秉钧执政亦不知，岂甘视其沉胥耶！"

怀着强烈的使命感，李鸿章毕生致力于洋务事业，实践着"士大夫留心经世者，皆当以此为身心性命之学"的信念。

在《妥议铁路事宜折》中，李鸿章奏曰："若事事必拘守成法，恐日即于危弱而终无以自强。"在《复孙竹堂观察》中，李鸿章称："中国以后若不稍变成法，徒恃笔舌与人争，正恐长受欺侮。"

在国家治理与社会控制方面，中国古代以先皇祖训为内容的"祖制"与"成法"往往发挥着重要作用。

这些"根本大法"，一方面有利于政权的稳定运行和社会安宁，弥补了因皇位世袭可能导致的治理制度发生重大改变的不足；另一方面，也对后世律令体系的修订和完善产生消极影响，在一定程度上制约了制度创新与社会进步。

《大清律例》于乾隆五年（1740）修订完成，这部法典被清朝视为"祖宗成法"。对于后世继位者，《大清律例》属于最高层次的"上位法"，必须恪守，不可改变。

"自强之策，当及早变法。"李鸿章提出的变法主张，直接触动当时非常敏感的禁忌事宜，无疑需要非凡的勇气和过人的胆识。

"稍变成法"是李鸿章"外须和戎，内须变法"纲领的组成部分，具体做法是整顿中法，引进西法。希望通过变革化解难题，实现社会进步，表现出李鸿章所具有的历史眼光和责任担当。

但是，洋务派的"自强"主张，并非立足于发展经济、致富百姓，也未能全方位地予以推进。究其实质，只是强调以军事为中心，实现"强兵"之梦。

李鸿章认为："制器与练兵相为表里，练兵而不得其器，则兵为无用。""西洋军火日新月异，不惜工费而精利独绝，故能横行于数万里之外。中国若不认真取法，终无由以自强。"（《李文忠奏稿》）

他还提倡"变易兵制，讲求军实"，认为："兵制关立国之根基，驭夷之枢纽。今昔情势不同，岂可狃于祖宗之成法。"

（《复陈筱舫侍御》）

与那些只有想法、喜欢清谈的封建官僚不同，李鸿章是个勇于行动、善于办事的实干家。

他重视利用洋枪洋炮装备淮军，并在军事操练方面模仿西方。在筹建北洋海军的过程中，李鸿章推动建立海军衙门，制定了《北洋海军章程》，"内多酌用英国法，仍以宪庙军规为依归"。

为了妥善处理涉外法律事务，李鸿章重视国际公法的引进与应用。他在奏折中指出："以前中国与英法两国立约，皆先兵戎而后玉帛，被其迫胁，兼受蒙蔽，所订条款，吃亏过巨，往往有出地球公法之外者。"

在给朋僚的信函中，他明确指出："洋人归领事管辖，不归地方官管理，于公法最为不合。"

只是，推进法制变革，遭遇重重阻力。"诸法合体"与"重刑轻民"是中国传统法律的主要特点。与当时的西方刑律相比，大清刑狱因"滥刑株累之酷、囹圄凌辱之弊"，显得较为野蛮落后。由于大清刑律难以与西方"接轨"，因此无法被对方接受。

为了解决"领事裁判权"、收回治外法权，李鸿章主张修改清朝刑律。针对"洋人的刑罚从轻，每怪中国拷讯、斩、绞之属太苛"的情况，李鸿章认为可以修改。

事实上，修改传统刑律面临的难度很大。对于将"西人归我管辖"之事，李鸿章明白："若令改归地方官，则须将数千年相传之刑法大变，乃可定议"，"试问中国刑部及内外各衙门能将祖宗圣贤刑制尽改乎？"（《复曾劼刚星使》）

李鸿章提出修改刑律，以其地位和影响，对于清末法制的推进无疑有着积极的促进作用。但是，在主观上，李鸿章的这种主张只是权宜之计，其目的在于收回屈辱的治外法权，表现出他的法律意识尚未跳出传统的"严刑峻法"的窠臼。

"用人最是急务，储才尤为远图。"李鸿章深知，办理"洋务"，人才及其培养至关重要。

在李鸿章等人的倡议下，清政府批准成立了以教授外语为主的京师同文馆、上海广方言馆等洋务学堂。同治十一年（1872），李鸿章会同曾国藩奏请派遣幼童赴美留学，后来独立主持这项"中华创始之举"。光绪二年（1876），会同沈葆桢奏请派遣福州船政学堂学生赴英法留学。以后，又在天津陆续创办了电报、水师、武备、医学等洋务学堂。

同文馆成立以后，为了适应洋务外交与立法的需要，引进和翻译了大量的西方法学著作，如《公法总论》《国政贸易相关书》《各国交涉公法论》《各国交涉便法论》等。

此类举措，具有较强的前瞻性，对于推进社会文明和法制进步所产生的积极影响不容低估。

作为尽忠于清朝的重臣，李鸿章只是一个封建官员，他虽然善于同守旧势力巧妙周旋，甚至进行顽强斗争，却不是一个敢于开天辟地的革命者。故此，李鸿章的变法主张和实际行动虽然具有一定的进步意义，但是缺乏颠覆性、彻底性，难以取得意想中的成效，更无法创造出彪炳千秋的历史奇迹。

面对守旧势力的质疑和责难，"稍变"主张巧妙地避其锋芒，并且注重实用，得到了清廷最高统治者的支持。这种办事风格，也体现出李鸿章处世的圆通和灵活。

然而，小变、微变、渐变终归有些折中，比较温和，对于已经摇摇欲坠、急需下猛药救治的清朝已经力不能及了。

（二）"官督商办"

同治四年（1865），在创办江南制造局之际，李鸿章就意识到机器大工业的兴起是社会发展的必然。

在《置办外国铁厂机器奏折》中，他写道：洋机器"原不专为军火而设"，"数十年后，中国富农大贾必有仿造洋机器以求利益者"。他还明确指出，创办轮船招商局、机器织布局等民用企业，旨在"开此风气，渐收利权"（《论试办轮船招商》）、"顺商情而张国本"（《试办招商轮船折》）（见图11-2）、"扩利源而敌洋产"（《试办织布局折》）。

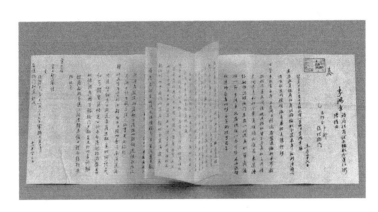

图11-2 李鸿章"设局招商,试办轮船"奏折（1872年12月）

时至近代，虽然西方先进的思想文化有一定的输入和传播，但是，受封建体制的制约以及根深蒂固的传统意识的影响，人们对西方的科学技术有着本能的抵制和抗拒，对创办新式企业更不愿冒险尝试。

在清政府内部，顽固派势力甚是强大，他们极端守旧，强烈反对变革，并且盲目排外，对引进机器生产和先进科技深恶痛绝。李鸿章曾撰联云："受尽天下百官气；养就胸中一段春。"其中所表露的，是对同僚们阻碍变革的忧愁和苦恼。

为了打消民间的投资顾虑，减少来自各方面的阻碍，推进近代新式企业的发展，李鸿章提出"官督商办"的主张，并主持付诸实施。

在《论试办轮船招商》中，李鸿章认为："目下既无官造商船在内，自无庸官商合办。应仍官督商办，由官总其大纲，察其利病，而听该商董等自立条议，悦服众商。"

其中提到的"官督商办",是洋务运动时期在创办企业时所采用的一种经营形式。"官督"即企业由官府保护和扶持,接受官方的监督与稽查;"商办"是指由商人负责经营并承担企业的盈亏。

随着对西方认识的不断深入,洋务派意识到,其"船坚炮利"的背后是雄厚的经济实力。因此,要"自强",必须"求富"。

于是,他们借鉴西方实行股份制公司的模式,通过发行股票吸纳社会资金创办企业。著名的轮船招商局、开平矿务局、上海机器织布局和中国电报总局等均采取了股份制公司的形式。企业章程以西方企业法为模式,规定了集资方法、股东地位、公司内部管理及利润分配等,这种西方资本主义的公司组织、管理方法和经营方式在当时逐渐为人们所认识和接受。

当时,将西方法律引入经济领域,运用经济法律手段调整和制约企业,无疑是一种突破和创新。

对于这类企业的创设和运营,官方予以保护和支持,在筹借资金、提供业务扶持等方面给予优惠政策。

以轮船招商局为例,不仅能获得清政府的巨额借款和缓付利息的优待,而且享有承运漕粮的特许经营权。有了清政府的保驾护航,轮船招商局的抗风险能力明显增强,在与外资航运企业的激烈竞争中站稳了脚跟。

为了解决"商股难招"的现实问题,洋务派还借鉴近代民法的抵押制度，"举借外债"。通过采取西方国家在经济活动中通常使用的金融贷款方法，获得兴办洋务企业所需资金。在贷款合同中，抵押、担保等债务履行手段同时被使用。这些举措不仅促进了我国近代工商业的发展，而且为清末的商事立法提供了经验。

只是，随着官府对企业管控和盘剥的加剧，以及企业官僚习气加重、自身竞争力衰弱等原因，官督商办企业后来逐渐走向没落，被新的经营形式所取代。但是，其早期的积极作用，包括由此在法律方面所作的大胆探索和尝试理当受到肯定。

（三）"变器不变道"

同治三年（1864）四月，时任江苏巡抚的李鸿章在致总理衙门函中写道："中国欲自强，则莫如学习外国利器；欲学习外国利器，则莫如觅制器之器，师其法而不必尽用其人；欲觅制器之器与制器之人，则或专设一科取士，士终身悬以为富贵功名之鹄，则业可成，艺可精，而才亦可集。"（《同治朝筹办夷务始末》）

如此深入递进的设想和路径，阐明了李鸿章实践"中体西用"理论的主张。但是，洋务派所秉承的根本原则是"变器不变道"。

其实，"西用"之中，不仅包含科学技术方面的"西艺"，也存有涉及政治制度的"西政"，以及"西史""西教"等。洋务运动后期，有人认为："西学亦有别，西艺非要，西政最要。"（张之洞《劝学篇》）

在李鸿章等人看来，所谓"器"，是西洋的炮舰、先进的技术，也包括相关人才的培养，这些可以为我所用。所谓"道"，则是指帝王专制制度和纲常伦理秩序，此为国之根本，绝对不可变更。

洋务派的官员们毕竟是从旧营垒中分化出来的，作为体制中人，这些封建官僚无法完全摆脱传统观念的羁绊，他们崇尚并热衷于维护大清王朝的统治之"道"，甚至对此都没有产生过丝毫怀疑。

作为清廷重臣，李鸿章识时局，知变计，才干超群，对洋务"能见其大"（郭嵩焘《伦敦致李伯相》）。但是，因各种局限所致，李鸿章又存在"见识不明"的硬伤（梁启超《李鸿章》）。

只知"变器"，不知"变道"，只想小变，不敢大变，终究难以成就一番伟业。

李鸿章着力创办洋务企业，推行"官督商办"，主要出于财政需求和解决"饷源"考虑，所谓"欲自强，必先裕饷；欲浚饷源，莫如振兴商务"（《复议梅启照条陈折》）。其根本目的只是为清政府"谋得财，未尝显其为华人谋生利"（《李鸿章历聘欧美记》）。

　　主观认识上的偏差，导致的直接结果是延误了中国近代民族工业的发展时机，阻碍了商业企业的发展步伐。

　　受"强兵"至上思想的影响和制约，李鸿章的"变法"主张始终局限在"易兵制""变功令"等有限的范围内，不能发展成为全面推行经济改革的变法思想。

　　作为一个封建官僚，李鸿章迷信权力，轻视民众，在各项兴革活动中不时暴露出"不以民为重，其一切法制皆务压其民"（梁启超《戊戌政变记》）的封建专制本质，这也致命地影响了他"变法"主张和洋务活动的成效。

　　当时，有外国人评论说："李鸿章耗费金钱于最新式武器之购买而疏于纪律与士气，疏于基本工业之建设。殊不知士气与纪律同武器一样重要，而工业为最基本之武装。"（《李鸿章年（日）谱》）英国舆论评论说："就内政而论，中堂来英而后，未遑考吾英之善政，而惟留意于船台枪炮与夫铁路电报之属，未免逐末而忘本。"（《李鸿章历聘欧美记》）

　　有学者认为，李鸿章等洋务官员执迷于"惟兵之为务"的治国方针，疏于基本工业建设，缺乏政治改革意识，为洋务"新政"遗留下必败的基因。

　　实际上，李鸿章也曾有过困惑，有过迷惘，有过疑虑和犹豫。中法战争后，看到日本政治改革成效突出，李鸿章感到"变法度，必先易官制"。但又认为："中国文守千年，谁能骤更，若发大难之端，将环刃者，不止一自由党矣。"（《复出使

日本国大臣黎》）

这些言论表明，李鸿章已经朦胧地意识到洋务"新政"似乎应向政治改革深化，但因缺乏更加卓越的政治见识和胆略，这种一度出现的意向没有发展成为其政治改革思想。

甲午战争之后，李鸿章私下也确认"上下一心，破除积习"的重要性，说过"根本大计，犹在变法自强"的话，对"百日维新"也作过"都门新政，迥迩耸观"之类的赞语。（《复伍秩庸》和《复张子虞》）但为了不开罪以慈禧为首的顽固派势力，他对变法维新采取一种"不甚赞成"的态度。

在洋务派看来，法律制度也可划归为可以变更的"器"的方面，当然，主要是指一些表面性的条文。但是，法律体系与政治、经济、宗教、道德伦理等方面都存在一种交互关系。西方法律中的民主宪政以及平等、自由、权利等基本原则是与治国之"道"密切关联的。

通过"器"的引进实现"稍变"，像是进行"移植"或"嫁接"。只是西方的"器"与清王朝的"道"之间，如何解决好"排异性"，使彼此融为一体，是个难以解决的问题。

回顾历史，不难发现，一个朝代处于衰退败落之时，上上下下所竭力争取的只是避害降损的程度，只是延缓消亡的进程，何以奢谈建功立业之举。此时的所谓"功臣"，往往吃力不讨好，甚至承受骂名，所充当的，大多是"替罪羊"与"背锅侠"的角色。

"少年科第，壮年戎马，中年封疆，晚年洋务"，是李鸿章一生的主要经历。只是，生逢乱局，虽一路扶摇，却步履沉重，最终甚至名节难保。

> 劳劳车马未离鞍，临事方知一死难。
> 三百年来伤国步，八千里外吊民残。
> 秋风宝剑孤臣泪，落日旌旗大将坛。
> 海外尘氛犹未息，请君莫作等闲看。

这是李鸿章临终留下的遗诗，此外还留有遗折一封。从这些诗文中，不难看出他忧国忧民的情怀以及回天无力、壮志难酬的伤感和无奈。

对于李鸿章的评价，众说纷纭，毁誉不一，难以盖棺定论。因为代表清朝政府签订丧权辱国的相关条约，李鸿章一直遭受非议，有些人称其为"汉奸""卖国贼"，甚至对其全盘否定。

但是，李鸿章病逝后，为了表示对他耿耿忠心的感激和莫大的悼念之情，清廷在上谕中褒扬他"匡济艰难，辑和中外，老成谋国，具有深衷"，"予谥'文忠'，追赠太傅，晋封一等侯爵，入祀贤良祠"。

贤良祠是清廷专门祭祀有重大功勋的王公大臣的祠堂，入祀此祠在当时是一项极高的国家级荣誉。

此外，清廷还在李鸿章的家乡及其建立功业的京、津、沪、宁、苏、浙、冀、鲁、豫等任职之地修建了10处专祠。值得一提的是，清政府在京师为汉族官员专门修建祠堂，为李鸿章独享之荣耀（见图11-3）。

图11-3　李鸿章享堂御碑

李鸿章是否可称"贤良"，历来存有争议。不过，对于一位"大管家"而言，来自"主子"的这种官方肯定似乎很能说明某些问题。

清廷对于李鸿章近乎"大忠"的认定，与有些人眼中的"大奸"相比，形成了强烈的反差。

当然，这两种非黑即白的绝对性评价，带有明显的情感因素，有些极端，有些片面，也有失公允。作为历史人物的李鸿章，理应有功有过，有是有非。见仁见智，自有史家论之。

客观地说，李鸿章的耻辱不仅是其个人的耻辱，而是一个朝代的耻辱；李鸿章的悲剧也不仅是其个人的悲剧，更是当时整个清朝的悲剧。

作为大清帝国的"裱糊匠"，以李鸿章为代表的洋务派主张对清朝法律的有限修补，注定解决不了封建制度固有的根本性矛盾。但是，他们所进行的尝试和探讨无疑是积极的、有益的，也带给我们可贵的历史性启迪。

在内容和功能方面，法律既有阶级属性，又有社会属性，同样可以"洋为中用，古为今用"。从这个视角来看，"中体西用"不单是一个理论问题，也是一个有待于深入认识、不断探索的现实问题。

法治中国建设，应当汲取中华传统法治文化精华，借鉴国外法治有益经验。显然，其推进的过程，与扩大对外开放、深化政治经济体制改革密切相关。

毕竟，在这个瞬息万变的世界上，只有变才是不变的。

十二、"觉醒年代"新思想

安庆人陈独秀与绩溪人胡适，两人因《新青年》而结交。陈独秀的《文学革命论》和胡适的《文学改良刍议》吹响了新文化运动的进军号角。

作为同时期的文化名人，他们先是并肩驰驱，后又分道扬镳。二人的法治思想也各有特色。

一个力主推翻旧的制度，一个试图维护现有体制；一个崇尚借助暴力革命实现民主自由，一个主张通过打造"好政府"建设法治国家。在如何对待既有的法律制度方面，双方各执己见，体现了政治见解和阶级立场的不同。

不可否认的是，在那样一个"觉醒年代"，他们对于现实社会的有力批判、对于未来中国的苦苦探索、对于"法治中国"的深入思考，意义非凡，难能可贵。

安庆人陈独秀与绩溪人胡适，两人因《新青年》而结交。陈独秀的《文学革命论》和胡适的《文学改良刍议》吹响了新文化运动的进军号角。

作为同时期的文化名人，他们先是并肩驰驱，后又分道扬镳。二人的法治思想也各有特色。

（一）

胡适（1891—1962），字适之，安徽绩溪人（见图12-1）。先后担任北京大学文学院院长、北京大学校长等职。

作为著名学者和作家，胡适的哲学、文学著述甚多，并且获得35个荣誉博士学位，其中法学博士学位有23个。由此，称之为"法学专家"似乎并不过分。

有关法律方面，胡适思想超前，见解独到，在当时产生了广泛影响。其直接论及法律的演讲和文章就达三十多篇，间接涉及法律原则和法治精神

图12-1　胡适像

的著述则难以计数，他的法治思想在这些文章中均有反映。

激进主义、保守主义与自由主义，构成了近代中国的三大文化思潮。三大流派各方虽说观点有异，并且时有主流支流之别，但是相互影响，终极目标一致，可谓殊途同归。

在《马克思主义中国化学术史》一书中，学者周全华认为："新文化运动开启现代民主、人权思想的启蒙。孙中山提出了军政—训政—宪政循序渐进的民权运动方案，蒋介石南京国民政府借以确立其'党治训政'体系。胡适等自由主义知识分子大倡人权运动，批评国民党的'党治'政策。马克思主义在与各种社会思潮交锋与互动中初步形成了新民主主义宪政思想。"[1]在谈及胡适所说的自由就是"能容忍异己的意见与信仰。凡不承认异己者的自由的人，就不配争自由，就不配谈自由"，包括"批评国民党的自由和批评孙中山的自由"时，认为"在思想言论自由权问题上，马克思主义学者亦持同样看法"[2]。

胡适不仅是新文化运动的主将之一，也是一位自由主义学者。在法治观念和主张方面，胡适体现出他一直推崇的独立的精神、批判的精神和理性的精神。

如果说"自由"是对"权威"的对抗，那么，"法治"则是对"权力"运行的规范。

---

①周全华：《马克思主义中国化学术史》，广东人民出版社2018年版，第106页。

②周全华：《马克思主义中国化学术史》，广东人民出版社2018年版，第109页。

宪法是国家的根本大法。在《〈人权与约法〉的讨论》中，胡适认为："宪法是宪政的一种工具，有了这种工具，政府与人民都受宪法的限制，政府依据宪法统治国家，人民依据宪法得着保障。有逾越法定范围的，人民可以起诉，监察院可以纠弹，司法院可以控诉。"[1]

现代法治的本质要求是对权力的控制。在《我们什么时候才可有宪法？——对于〈建国大纲〉的疑问》中，通过对《建国大纲》提出质疑，胡适严厉批评国民党的错误成见，提出制定宪法的政治主张，他指出："没有宪法或约法，则训政只是专制，绝不能训练人民走上民主的路。""我们须要明白，宪法的大功用不但在于规定人民的权利，更重要的是规定政府各机关的权限。"[2]

胡适高度重视对于政府的监督和制约。1921年8月，胡适在安庆的一次演讲中首次提出了"好政府主义"观点，后来多次对此进行论述。他在《好政府主义》中认为："我们做主人的人民，如果放任政府，不去好好的看守他，这种工具亦必会作怪的。"[3]

在《我们的政治主张》中，胡适谈到了心目中的"好政府"，即"要有正当的机关可以监督防止一切营私舞弊的不法

①胡适：《容忍与自由》，民主与建设出版社2015年版，第149页。
②胡适：《容忍与自由》，民主与建设出版社2015年版，第156页。
③胡适：《容忍与自由》，民主与建设出版社2015年版，第161页。

官吏"，"充分运用政治的机关为社会全体谋充分的福利"，"充分容纳个人的自由，爱护个性的发展"①。

胡适强调法治必须树立法律的权威和法律面前人人平等的原则。其《人权与约法》指出："法治只是要政府官吏的一切行为都不得逾越法律规定的权限。法治只认得法律，不认得人。"②用现在的话说，就是"把权力关进笼子里"。

他还列举了安徽大学校长刘文典"因为言语上顶撞了蒋主席，遂被拘禁"和唐山商人杨润普被驻军一百五十二旅军官随意拘禁拷打引起罢市才得以释放两起事件，对政府军队官员逾越法律规定、推行"人治"以及侵犯人权现象予以抨击③。

法律的生命力在于实施。在《制宪不如守法》中，胡适分析了民众对于宪法不信任的原因，明确指出："制宪之先，政府应该要在事实上表示守法的榜样，养成守法的习惯，间接的养成人民信任法律的心理。"④

宋代名臣范仲淹的《灵乌赋》曰："宁鸣而死，不默而生。"胡适认为这句名言与西方的"不自由，毋宁死"颇为相似。他对此言极为看重，并身体力行，还题写赠与他人（见图12-2）。在坚持独裁的国民党政府统治下，胡适不顾政治风险，

---

①胡适：《胡适文存 贰》，华文出版社2013年版，第281页。

②胡适：《容忍与自由》，民主与建设出版社2015年版，第146页。

③胡适：《容忍与自由》，民主与建设出版社2015年版，第145页。

④中华文化总会、王寿南主编，郑大华等著：《中国历代思想家.现代.3》，九州出版社2011年版，第80页。

追求言论自由，针砭时弊，频频发声。

国民党政府的专制独裁统治受到广大民众的反对。胡适在《〈人权与约法〉的讨论》明确表示："不但政府的权限要受约法的制裁，党的权限也要受约法的制裁。"[①]在《政制改革的大路》，胡适主张"人民的福利高于一切，国家的生命高于一切"[②]。

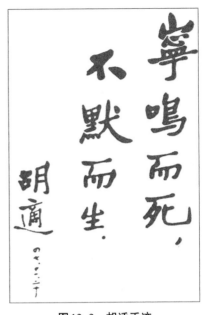

图12-2 胡适手迹

胡适既不信奉三民主义，也不赞同共产主义，一生没有加入任何党派，一直以"独立的政论家"自居。

对于统治集团而言，胡适的批评是谏诤式的。他的法治论述，是基于法理和学理的。这些言论，切中时弊，虽说是逆耳"忠言"，但时常使得执政者难堪，也让他们无法接受。

种种迹象表明，胡适的法治思想，充满着自由主义和民主理想，闪现着理性精神和独立精神的光芒。

---

①胡适：《容忍与自由》，民主与建设出版社2015年版，第150页。
②耿云志编：《胡适语萃》，华夏出版社1993年版，第146页。

在《五四的思想世界》中，高力克认为："胡适的自由主义立基于理性和秩序，而中国则处在社会失范、暴力和革命之中。"因此，"与李大钊等马克思主义者参与政治行动的热情相比，胡适及自由主义者对政治的鄙夷，已经注定了其以非政治路径解决中国问题之主张失败的命运"①。

（二）

"国民党竭全国人力膏脂以养兵，拥全国军队以搜括人民杀戮异己，对日本侵占国土，始终无诚意抵抗，且制止人民抵抗，摧毁人民组织，钳制人民口舌，使之'镇静'，使之'沉着应付'，即使之驯羊般在国民党指挥之下，向帝国主义屈服，宁至全国沦亡，亦不容人有异词，家有异说，而予则主张由人民自己扩大组织与武装，对帝国主义进行民族解放战争，以解决东北问题，以完成国家独立，试问谁为'叛国'！

"国民党政府，以党部代替议会，以训政代理民权，以特别法（如《危害民国紧急治罪法》及《出版法》）代替刑法，以军法逮捕审判枪杀普通人民，以刺刀削去了人民的自由权利，高居人民之上，视自己为诸葛亮与伊尹；斥人民为阿斗与太甲，日本帝国主义方挟'以力服人'之政策对付吾国，同时

---

① 高力克：《五四的思想世界》（增订本），东方出版社 2019 年版，第 219 页。

国民党已挟同样之态度以压吾民，最近竟公然以'背叛党国'之罪枪决新闻记者闻矣。而予则力争表示民主共和国实质的人民自由权力，力争实现普选全权的国民立宪会议，力争民主扩大到它的历史最高阶段；予现在及将来都无篡夺民国为'党国'之企图。试问谁为'危害民国'？故予曰政府之所控者恰恰与予所思所行相反也。"①

以上文字出自陈独秀1933年4月写下的《辩诉状》，也有人称之为《自辩状》。陈独秀提倡把监狱当作"研究室"，视法庭如战场。被捕入狱后，在开庭公开审讯之际，他一方面阐明并宣传自己的政治见解和法治主张，另一方面对国民党政府强加的罪名进行抗辩，尽管最终没能躲过牢狱之灾，但此次事件在民国时期实属罕见，曾经轰动一时。

这份洋洋洒洒数千言的诉状，有理有据，文采与辩驳俱佳，揭露了国民党政府反动、黑暗和腐朽的本质，产生了较大的社会影响。当时的上海沪江大学、苏州东吴大学等教会学校还将这份《辩诉状》选定为法学系教材。

陈独秀的《辩诉状》当时有两个版本流传：一种是亚东图书馆出版的《陈案书状汇录》，共102页，收入了起诉书、判决书、陈独秀的自辩词、章士钊的辩护词等（见图12-3）。一种是14页的单行本，封面为《陈独秀先生辩诉状》。二者均无出

①陈独秀著，乔继堂选编：《辩诉状》，《陈独秀散文》，上海科学技术文献出版社2013年版，第205—206页。

版时间和出版单位名称，上海市档案馆和相关图书馆有存。

图12-3　《陈独秀自撰辩诉状》（《陈案书状汇录》）

唐宝林《陈独秀全传》称："陈独秀慷慨激昂，《自辩状》义正辞严，逻辑严密，合情合理，一时震慑庭堂，全场鸦雀无声；达到了把自己变成原告，把法庭变成战场的目的。"①

据陶炳才、奚金芳《陈独秀最后一次被捕》："陈独秀的《辩诉状》大气磅礴，铮铮有声，不仅是为自己辩诉，也宣传了共产主义要旨，更批驳了国民党政府的腐恶。这洋洋数千言，恐怕在古今文献中，只有唐代骆宾王的《讨武曌檄》堪与比拟。"②

①唐宝林：《陈独秀全传》，社会科学文献出版社2013年版，第700页。

②陶炳才、奚金芳：《陈独秀最后一次被捕》，《世纪风采》2016年第5期，第25—30页。

陈独秀（1879—1942），原名乾生，字仲甫，安徽怀宁（今属安庆市）人（见图12-4）。新文化运动的主要领导者之一，中国共产党创始人和早期的主要领导人之一。

法治思想是陈独秀思想的重要组成部分，他先后发表了《吾人最后之觉悟》《法律与言论的自由》《约法底罪恶》《谈政治》等涉及法治与法律方面的重要文章，对一些法治问题研究深入，颇有见识。

图12-4　陈独秀塑像（安庆独秀园）

在对待宪法的态度上，陈独秀一方面对《中华民国临时约法》（简称《临时约法》）提出严厉的批评，反对假立宪、假共和，另一方面对袁世凯、康有为复辟帝制，实行君主制度的主张坚决抵制。

针对《临时约法》中束缚和限制人民权利的明文规定，在《约法底罪恶》中，陈独秀指出："这本是约法底罪恶，何尝是政府违法呢？这种约法护他做什么？我要请问护法的先生们，护法底价值在那里？"[①]

对康有为否定《临时约法》所主张的共和制，陈独秀在《驳康有为〈共和平议〉》中予以严厉驳斥："今不于根本上反对共和，而于现行制度及目前政象，刻意吹求，是枝叶之见也，是自失其立脚点也。"[②]

在民国之初民主转型的关键时期，《天坛宪法草案》的制订成为各种政治势力关注的焦点。陈独秀对其中"国民教育以孔子之道为修身大本"的条款，即以尊孔为目的在宪法中列入孔教，大为反感。其《宪法与孔教》认为：如果独尊孔教，"岂非侵害宗教信仰之自由乎？"坚决反对将孔子、孔教列入宪法，"对于与此新社会新国家新信仰不可相容之孔教，不可不有彻底之觉悟、猛勇之决心，否则不塞不流，不止不行"[③]！

其实，陈独秀并非全盘否定孔子，只是反对统治阶级利用孔子欺骗民众，同时认为，孔子、孔教列入宪法有违法律面前人人平等的原则。

在《孔教研究》中，陈独秀指出："我们反对孔教，并不是反对孔子个人，也不是说他在古代社会无价值。"[④]他在《孔

①陈独秀：《独秀文存·随感录》，首都经济贸易大学出版社2018年版，第136页。

②陈独秀：《独秀文存·论文（上）》，首都经济贸易大学出版社2018年版，第124页。

③陈独秀：《独秀文存·论文（上）》，首都经济贸易大学出版社2018年版，第64页。

④唐宝林编：《陈独秀语萃》，华夏出版社1993年版，第58页。

子与中国》说道："每一封建王朝，都把孔子当作神圣供奉，信奉孔子是假，维护统治是真……五四运动之时，我们提出'打倒孔家店'，就是这个道理。但在学术上，孔孟言论，有值得研究之处，如民贵君轻之说，有教无类之说，值得探讨。"①

陈独秀对于言论自由尤为重视。在《法律与言论自由》中，他明确指出："我们要记住的正是政府一方面自己应该遵守法律，一方面不但要尊重人民法律以内的言论自由，并且不宜压迫人民'法律以外的言论自由'。法律只应拘束人民的行为，不应拘束人民的言论。因为言论要有逾越现行法律以外的绝对自由，才能够发现现在文明的弊端，现在法律的缺点。"②

五四运动时期，陈独秀由激进民主主义者转变为马克思主义者。他在《谈政治》一文中明确宣称："我承认用革命的手段建设劳动阶级（即生产阶级）的国家，创造那禁止对内对外一切掠夺的政治、法律，为现代社会第一需要。"③

他还强调对外维护国家主权与民族尊严，在《对于现在中国政治问题的我见》中，主张"废止协定关税制，取消列强在华各种治外特权，清偿铁路借款收回管理权，反抗国际帝国主

①王长华：《孔子答客问》，浙江文艺出版社 2022 年版，第 263—264 页。

②陈独秀：《独秀文存·随感录》，首都经济贸易大学出版社 2018 年版，第 118 页。

③中共北京市委党史研究室：《中国共产党北京历史·第一卷 1921—1949》，中共党史出版社 2021 年版，第 24—25 页。

义的一切侵略，使中国成为真正独立的国家"[1]。

陈独秀性格刚烈，坦诚而富有激情，具有坚定的反抗精神。在父亲的影响和引导下，陈独秀的两个儿子陈延年、陈乔年也积极投身革命，二人于1927年和1928年先后被捕入狱，随即慷慨就义。

历经劫难，屡受打击，但陈独秀并未放弃信仰和追求，继续与国民党反动政府进行坚决斗争。1931年九一八事变后，陈独秀因发表一系列文章主张反蒋抗日受到当局的政治迫害，1932年10月第五次被捕入狱。出狱以后，仍然关心时局，坚持抗战宣传。

几经周折，初衷不改。不畏强权，宁折不屈。正因如此，陈独秀被评价为"终身的反对派"，也被称为"永远的新青年"。

（三）

在新文化运动中，陈独秀与胡适，一个是"主将"，一个是"先锋"；一个注重从时势方面表明其文学革命的主张，一个偏向于从学理上论述文学革命的见解；一个以革命者的姿态亮相，一个则主要以学者的身份行事。他们并肩携手，密切合

---

[1]陈俊凤主编：《中共三大学术研讨会论文集》，广州出版社2006年版，第235页。

作，共同揭示了文学革命的必然性和必要性。

在反对独裁政治、争取民主自由、推崇法治等方面，二人不约而同，异口同声。在主张社会变革方面，二人也有着大方向上的一致性，都与守旧势力进行坚决斗争，只是观念上存在着激进与温和的差别。

毫无疑问，在当时的历史背景下，他们都代表着进步力量，具有引领时代的先导性，对推动中国历史前进作出过重要贡献。

胡适一生"誉满天下，谤也随之"。陈独秀当年叱咤风云，晚年穷困落寞。

在学术思想上，作为文化启蒙者，二人可谓开风气之先。他们与其他同仁共同创办编印的《新青年》杂志（见图12-5），在新文化运动中意义显著，影响深远。

在思想主张上，陈独秀与胡适既有趋同性，也存在重大分歧。作为一个革命家，陈独秀执着地追求从政治上解救中国的目

图12-5 《新青年》杂志

标。在《今日中国之政治问题》一文中，他指出：“我现在所谈的政治，不是普通的政治问题，更不是行政问题，乃是关系国家民族根本存亡的政治根本问题。此种根本问题，国人倘无彻底的觉悟，急谋改革，则其他政治问题，必至永远纷扰，国亡种灭而后已！国人其速醒！”①

站在改良主义者的立场上，对于政治方面的激进思潮，胡适一直不以为然。他主张《多研究些问题，少谈些主义》，认为：“现在舆论界大危险，就是偏向纸上的学说，不去实地考察中国今日的社会需要究竟是什么东西。”“凡是有价值的思想，都是从这个那个具体的问题下手的。”②表现出热衷于渐进式变革的政治观点，以及对于推进民主进程所持的积极态度。

与那些对于现实社会感到绝望的革命者不同，胡适是一个“不可救药的乐观主义者”③。

胡适反对暴力革命。1925 年 11 月 29 日，北京《晨报》馆被愤怒的群众放火烧毁。对此，陈独秀认为该烧。在胡适看来，这种暴动行为侵犯他人财产，危害公共安全，属于不能容忍的违法犯罪行为。

陈独秀与胡适等人于 1920 年 8 月 1 日曾共同发起《争自由

---

①陈独秀：《独秀文存·论文（上）》，首都经济贸易大学出版社2018 年版，第 125 页。

②胡适：《倡导与尝试》，北方文艺出版社 2018 年版，第 100、113 页。

③胡适：《做最好的学问》，北京联合出版公司 2014 年版，第 226 页。

宣言》，要求北洋政府废止专制法令，保障人民享有言论、集会结社等自由。焚烧报馆一事，显然与有关言论出版自由的主张格格不入，当时的舆论界对此批评颇多。因此，胡适对于陈独秀支持烧毁报馆的态度感到"诧怪"，很是不解。

一个力主推翻旧的制度，一个试图维护现有体制；一个崇尚借助暴力革命实现民主自由，一个主张通过打造"好政府"建设法治国家。在如何对待既有的法律制度方面，双方各执己见，体现了政治见解和阶级立场的不同。

新的思想就是在各种思潮的激荡中、在各种主张的争辩中应运而生的。是执着于开天辟地，还是热衷于重整河山，人各有志，无法勉强。但是，学术观念不同，法治主张不同，政见不同，信仰不同，并不动摇他们的友情。

作为一位自由主义者，胡适针对社会现实，更加认识到"容忍比自由更重要"，并多次重申。在《容忍与自由》一文中，他指出："有时我竟觉得容忍是一切自由的根本；没有容忍，就没有自由。"[1]

正因为崇尚自由，主张容忍，虽然彼此立场不同、观点不和，但是，每当陈独秀身陷牢狱，胡适总是积极奔走，全力营救，不惜承担重大政治风险。

胡适的所作所为，不仅在于他的"雅量"以及对于友情的珍视，也与他的法治思想是根本一致的。

---

[1] 胡适：《容忍与自由》，万卷出版公司2022年版，第1页。

胡适学贯中西，主张以"评判的态度"打破长期以来的思想僵局。在学说研究中，"胡适在《清代学者的治学方法》中概括出'大胆的假设，小心的求证'"[①]。但是，在一个急剧变革的社会中，在民族危机深重的情形下，这种"科学方法"已经无法应对"革命潮流"席卷而来的历史趋势。

陈独秀与胡适，可谓方向一致，途径不同。二人虽说志同道异，却颇有些异曲同工的意味。在当时的历史环境中，他们的探求和摸索，他们的选择和坚持，无疑是值得尊重，也是值得敬佩。

其实，任何一种学说思想和理论主张，都不是绝对真理。作为思想家，无论是陈独秀，还是胡适，都有其历史局限性。他们的学术观点中，有些也许属于假设，尚未经过求证，也未必切合社会现实，只是，这种现象并不意味着可以否认其学理价值和积极意义。毕竟，历史具有连续性，思想文化具有传承性。

不可否认的是，在那样一个"觉醒年代"，他们对于现实社会的有力批判、对于未来中国的苦苦探索、对于"法治中国"的深入思考，意义非凡，难能可贵。

[①]林坚：《人文大师：奠基性研究与创新方法》，中国科学技术出版社2012年版，第193页。

主要参考文献

著作类

《安徽法学源流》，杜非、王传生主编，安徽人民出版社2000年版。

《别笑！这才是中国法律史》（第二版），秦涛著，中国法制出版社2019年版。

《重评"淮南狱"》，姚治中著，黄山书社2015年版。

《管子思想钩沉》，邓加荣、张靖著，中国社会科学出版社2015年版。

《〈淮南子〉法治思想研究》，淮南市司法局、淮南市法宣办编著，合肥工业大学出版社2018年版。

《徽州契约》，刘道胜著，北京时代华文书局2018年版。

《礼与法：法的历史连接》，马小红著，北京大学出版社2004年版。

《明清徽州的民间纠纷及其解决》，韩秀桃著，安徽大学出版社2004年版。

《〈尚书〉法学内容译注》，张紫葛、高绍先著，商务印书馆2014年版。

《中国法律思想史》（第二版），武树臣著，法律出版社2017年版。

《中国法制史案例集》，柳正权主编，武汉大学出版社2016年版。

论文类

《重新认识中国法律史》，杨一凡撰，《法治论丛》2002年第5期。

《道与中国法律传统》，龙大轩撰，《现代法学》2004年第2期。

《"法"的故事的另一种讲法》，金敏撰，《中国法律评论》2018年第6期。

《法谚与法理》，王奇才撰，《法制与社会发展》2018年第4期。

《胡适法律思想略论》，高其才、罗昶撰，《法制与社会发展》2003年第4期。

《徽州文书的由来及其收藏整理情况》，卞利撰，《寻根》

2008 年第 6 期。

《徽州文书与徽州社会》，方利山撰，《黄山学院学报》2007 年第 2 期。

《近三十年〈管子〉法治思想研究》，张晓明撰，《管子学刊》2016 年第 3 期。

《论陈独秀的法治思想》，魏吉华撰，《中国青年政治学院学报》2009 年第 5 期。

《明代贪腐问题的治理及其当代启示》，董鹏、马莉莎撰，《公民与法》2015 年第 8 期。

《明清时期皖北地区健讼风习探析》，陈业新撰，《安徽史学》2008 年第 3 期。

《闵子骞与皖北孝道文化》，张明撰，余敏辉指导，淮北师范大学硕士学位论文，2018 年。

《清明时节说包公：包公"司法之神"形象的形成动因与观念基础》，陈景良、吴欢撰，《法学评论》2014 年第 3 期。

《〈尚书〉所见皋陶法律思想及其影响》，崔永东、李振勇撰，《管子学刊》2015 年第 4 期。

《西方自然法思想与中国法自然思想之比较》，宋玉霞撰，《职工法律天地》2015 年第 5 期。

《洋务派法律思想探析》，李青撰，《中国法学》2004 年第 4 期。

《再论法律儒家化——对瞿同祖"法律儒家化"之不同理

解》，吴正茂撰，《中外法学》2011年第3期。

《中国古代孝文化的法律支撑及当代传承》，何勤华、王静撰，《华东政法大学学报》2018年第6期。

《中西法律文化传统的形成与比较》，冯玉军撰，《政法论丛》2019年第6期。

《"祖制"的法律解读》，朱勇撰，《法学研究》2016年第4期。

后　记

几年前，应《安徽法制报》约稿，我撰写了一组有关江淮大地法治文化的随笔。发表之后，得到了有关法学专家和文史学者的好评与鼓励，并在该报第一届副刊好头条征文比赛中获奖。

限于报纸篇幅，有些内容只可点到为止，难以深入探讨。意犹未尽，余兴尚存，于是，萌发出以"法治进程中的江淮印迹"为主题和线索撰写系列文字的想法，随即梳理出基本框架。

史料是枯燥的，发现是有趣的。追寻古圣先贤的足迹，感受法治文明进步的风雨历程，在辨析中思考，在历史的时空中穿行，犹如踏进一片博大幽深的丛林，令人感到新奇，也让人觉得有些兴奋。

只是，完稿的过程，远比想象中的难度要大，非常具有挑战性。为此，挤占了不少业余时间，也历经了诸多难眠之夜。所幸的是，焦虑之中，偶有意外收获；忐忑之外，时而峰回路转；辛劳紧张之余，终于走完全程。其间苦乐，无需细说。

社会大众法治意识的增强，法治思维能力的提高，与法治宣教的深入、法治文化的弘扬以及法学研究成果的推广是密切相关的。在实际工作和具体生活中，笔者感受到，涉足法学领域，不应仅限于专业人士。推进法治建设，需要更多的人关注法学研究，有待更多的有心人对法律问题不仅"知其然"，也"知其所以然"。由此，也有助于人们积极应对现实中的法律事务。因为，思维方式掌控着思路，思路往往决定着出路。

这本小书，比较单薄，论及内容却相当广泛。在提纲挈领、浅尝辄止的同时，力求把握关键环节，剖析要害之处，试图在展示轮廓概貌的同时，呈现某些让读者感到有所不同的特别之处，意在抛砖引玉，引发更多更深入的思考。由于水平所限，书中谬误难免，欢迎专家学者和读者朋友批评指正。

本书在撰写过程中，参阅了大量文献资料，征引援用了多位学者的研究成果。安徽省作家协会副主席、《安徽法制报》总编辑赵焰先生和安徽省法学会民商法学研究会副会长、省高级人民法院立案一庭庭长汪晖先生一直予以支持鼓励。任大勇、王中宝、王子平等同仁帮助提供了相关图片。在此，一并表示诚挚的谢意。

此外，少量资料性图片引用于网络，在对提供者表示敬意和感谢的同时，烦请相关人士联系我们，以便奉寄薄酬和样书。

二〇二三年七月于合肥